NIKSEN

ES LEBE DAS NICHTSTUN

Maartje Willems & Lona Aalders

NIKSEN

ES LEBE DAS NICHTSTUN

GLÜCKLICHER, ENTSPANNTER UND ACHTSAMER – DAS NEUE LEBENSPRINZIP AUS DEN NIEDERLANDEN

Maartje Willems & Lona Aalders

mvgverlag

INHALT

Surely not
EVERYBODY
was
KUNG-FU
FIGHTING!

- **Was ist Niksen?**
- **Wieso ist es so schwer?**
- **Wie man es dennoch lernen kann**
- **Und wie schön es ist**

»Nichts ist dem Menschen so unerträglich, als wenn er sich in vollkommener Ruhe befindet. Dann fühlt er seine Nichtigkeit.«

Blaise Pascal

Willkommen bei Niksen – es lebe das Nichtstun. Niksen oder Nichtstun ist nicht irgendeine Kunst, sondern eine hohe Kunst. Allerdings ist es beinahe unmöglich, gar nichts zu tun. Um zu zeigen, wie schwer Nichtstun ist und wir nicht irgendwelche Ahnungslosen sind, beginnt dieses Buch mit einem Zitat des französischen »Influencers« Blaise Pascal, der im 17. Jahrhundert lebte. Denn beim Thema Niksen poppen unwillkürlich existenzielle Fragen auf, die ziellosem Herumlungern schnell den Garaus machen. Mangels Antworten versuchen wir es dann mit Ablenkung. Und falls sich keine Lebensfragen stellen, knurrt uns eben der Magen und wir verlassen das Sofa, um uns zum Kühlschrank zu begeben.

Und schon machen wir uns einen Snack, anstatt nichts zu tun.

Zeitlebens sind Lona (die Illustratorin dieses Buchs) und ich (Maartje, die Autorin) bestrebt, mit der Hektik und dem Stress des modernen Lebens klarzukommen. Wir lauschten Oprah, die uns erzählte, wie man sein »bestes Leben« führt – leichter gesagt als getan. Denn das Leben ist wie ein Auswahlmenü: Erst hinterher weiß man, ob die Auswahl richtig war; selbst schuld, wenn sich das Ganze als untauglich für Instagram erweist.

Niemand will sein Leben verpfuschen oder das denkbar schlechteste Leben führen. Wir alle sind auf der Suche nach Wegen, uns zu entfalten, mit Rückschlägen klarzukommen und die Dämonen in unserem Wesen und/oder aus unserer Vergangenheit zu bekämpfen. Wie das am besten gelingt, wird seit Jahrhunderten überliefert, heute anhand vermeintlicher Win-win-Lösungen wie etwa »In zwanzig Schritten zum großen Glück« oder »Zehn Gründe, warum Sie Ihre Unvollkommenheiten akzeptieren sollten«. Alles angesagte Listen, die schön übersichtlich und machbar erscheinen, letztlich aber unseren ohnehin schon vollen Alltag noch voller machen. Wir sollen demnach gestärkt aus einer gescheiterten Beziehung hervorgehen, besser lernen und uns tiefer entspannen, uns mehr Zeit für uns selbst nehmen, Sport treiben, gesünder essen, anderen helfen, einer sinnvollen Arbeit nachgehen, eine Familie gründen et cetera.

Alles Gründe, weshalb Lona bereits seit ihrer Kindheit am Rande eines Burn-outs entlangbalanciert und ich tagtäglich den Berg namens Versagensangst überwinden muss. Wir suchten nach Wegen, um unsere erschöpften Köpfe zur Ruhe kommen zu lassen und der düsteren Gedanken Herr zu werden. Wir probierten alles Mögliche aus: Gesprächstherapien (sehr empfehlenswert!), aber auch Floating, Meditation, Yoga, Pilates, Waldspaziergänge, Winterur-

laube, Kuscheln mit Kaninchen, Reiten und Basteln nach Fröbel. Lifestyle-Trends kommen und gehen und sagen uns, wie man es macht. Und Apps wie *Headspace* mit ihren hübschen Meditationsübungen versprechen uns ein glücklicheres und gesünderes Leben. Wir sollen ein Traumleben führen. Es ist zum Verrücktwerden!

Inmitten dieses Wusts an Vorschlägen saßen wir Niederländer aber anscheinend schon seit Jahren auf der Lösung: der Kunst des Nichtstuns. Diese internationale Nachricht schlug in den Niederlanden ein wie eine Bombe. Die Leute sahen sich an, waren verunsichert: »Weißt du, worum es hier geht?«, fragten sie sich gegenseitig vorsichtig, aus Angst, sich eine Blöße zu geben. Niemand wusste es. Ja, einige Büros hatten »Ruheräume«, aber die nutzte man hauptsächlich zum Abpumpen von Milch oder als Umkleidekabine für das Abschiedslied für die Kantinendame Jenny. Wer kennt das nicht aus seiner Jugend, als man im Gras lag und einem vorgehalten wurde, man würde nur herumliegen und nichts tun, und ob man sich nicht mal nützlich machen wolle. »Was stehst du denn da faul herum?« ist keine Frage, die man gerne gestellt bekommt.

WORUM GEHT ES HIER?

Was ist Niksen eigentlich? Das genau zu erfassen, ist nicht einfach, gerade weil es so wenig beinhaltet. Niksen ist nämlich die Abwesenheit jeglicher anderen Aktivität. Laut niederländischem Wörterbuch bedeutet *niks* oder *niets* »nichts« und das Verb *niksen* bedeutet deshalb »nichts tun«. Und darin liegt bereits eine Missbilligung: Die Person tut keinen Strich, sitzt nur da, so geht ja nichts voran. Das klingt alles deutlich weniger meditativ, als es sein könnte. *Niksnut* ist ein weiteres negatives Wort: jemand, der zu nichts zu gebrauchen ist, der nichts zur Gesellschaft beiträgt, ein Nichtsnutz eben.

Das Wort *niks*, früher *nix* geschrieben, stammt wahrscheinlich vom deutschen »nichts«. Im 18. Jahrhundert erschien es im *Hochdeutschen Wörterbuch* als *nicks* oder *nix*. Aller Wahrscheinlichkeit nach importierten Soldaten den Begriff in die Niederlande, wie ein am Anfang des letzten Jahrhunderts publiziertes etymologisches Wörterbuch belegt, das das Meertens-Institut entdeckt hat.

Ein altes Sprichwort besagt: Der Müßiggang bringt Schand' und Not, der Fleiß hingegen Ehr' und Brot.

Wer einst die glänzende Idee hatte, aus *niks* ein Verb zu machen, ist nicht bekannt. Wir Niederländer lieben es, aus Substantiven Verben zu machen, wie die Wörter *borrelen* (Schnaps trinken) oder *wijnen* (Wein trinken) zeigen. *Schemeren* (dämmern) ist ein weiteres schönes Beispiel. Es ist die Zeit rund um den Sonnenuntergang, wenn es draußen gerade dunkel genug ist, um drinnen ein paar Lichtlein oder Kerzen anzuzünden und man, in einem Sessel oder auf dem Sofa sitzend, das letzte schöne goldene Licht des Tages oder die gemütliche Stimmung genießt. Oder *(na)tafelen* – das hätte sich als Trend geeignet, den wir sehr gut beherrschen! Vorbei die Zeiten, als wir nach dem Verzehr des Desserts sofort aus amerikanischen

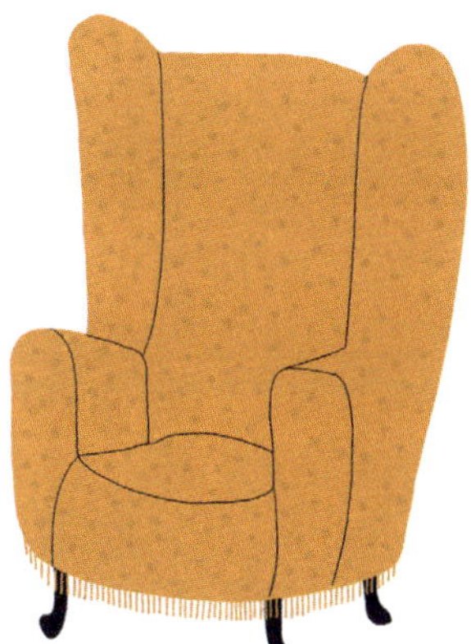

Wir sind hier
auf Erden,
UM RUMZU-
LUNGERN.
Lasst euch bloß
von niemandem
WAS ANDERES
ERZÄHLEN.

KURT VONNEGUT

Restaurants hinauskomplimentiert wurden. »Yes, no check yet, please. *We're after tabling.«* (gemeint ist das gemütliche Sitzenbleiben, wenn man im Restaurant mit allen Gängen durch ist).

Zurück zum Niksen, das übrigens auch »Nietsen« hätte heißen können: »Und, bist mal wieder am Nietsen?« Nur würde die Ähnlichkeit mit »Nießen« oder »Nietzsche« zu Verwirrung führen. Niksen klingt handfest, nach Aktivität, hat Format und Klasse. Es klingt wie der Name eines US- Präsidenten. »Ich nikse gerade!« klingt gewichtig, und das ist es ja auch.

Und lanterfanten. Der französische Ausdruck »faire lanterner quelqu'un« bedeutet »jemanden warten lassen«. Auch nicht sehr positiv.

Lummelen und *Lanterfanten* sind weitere Synonyme, auch schön. Aber sind sie weniger negativ? Ein *lummel* ist ein Trottel, ein Stümper, ein Tölpel ohne Rückgrat, ein Weichei, das nicht zu gebrauchen ist. Und *lummelen* ist das dazugehörige Verb, also wieder nicht sehr positiv. Und *lanterfanten*? Der französische Ausdruck »faire lanterner quelqu'un« bedeutet »jemanden warten lassen«. Auch nicht sehr positiv. Was wissen wir über die Herkunft des Wortes?

Mit weichen Knien öffnen wir die etymologische Datenbank, in der Hoffnung, nicht wieder etwas zu lesen, das Niksen als etwas Verwerfliches abtut. Dort lesen wir, dass ein *lanterfant* jemand ist, der »seine Zeit vergeudet«, sprich: sie mit Unwichtigem verschwendet. *Lanterfanten* entstammt also dem Substantiv *lanterfant*. Allerdings ist die Herkunft unklar; wahrscheinlich erscheint eine Verballhornung des Wortes »land-trouwandt«, eine Zusammensetzung aus *land* (Land) und *trouwant*, was »Bettler« oder »Vagabund« bedeutet. Womöglich stammt »fant« von »infantil« – ebenso nicht sehr vorteilhaft. **Ein altes Sprichwort besagt: Der Müßiggang bringt Schand' und Not, der Fleiß hingegen Ehr' und Brot.**

SCHMAROTZER

Die niederländische Sprache kennt also ein sehr einfaches Wort für das Nichtstun: *niksen*. Außerdem haben wir eine ganze Sammlung von Spitznamen für Menschen, die nichts tun, von denen *klaploper* – auf Deutsch: »Schmarotzer« – ein gutes Beispiel ist.
Wie so viele niederländische Schimpfwörter hat auch *klaploper* einen Krankheitsbezug: Wer im Mittelalter eine böse, ansteckende Krankheit hatte, bekam keine Arbeit und musste um Geld betteln. Jedoch mussten Bettler ihr Kommen mit einer Art Rassel, dem sogenannten *klap*, ankündigen – eine ziemlich asoziale Problemlösung: Gib armen, kranken Menschen eine Rassel, damit man sie kommen hört und rechtzeitig verschwinden kann. Würde Hanni aus der Personalabteilung so etwas bloß verwenden, dann könnte man sich das nächste Mal, wenn sie wieder von ihren Kindern erzählen will, schnell aus dem Staub machen.
Fragt sich, warum dieses praktische Ding aus der Gesellschaft verschwunden ist. Wahrscheinlich, weil wir uns als Gesellschaft nicht entscheiden konnten, wer die Rassel tragen sollte und wer nicht, und wir sie schließlich alle mitschleppen würden. Man stelle sich den Krach auf den Straßen vor …

Als Parodie auf die beliebte niederländische Fernsehsendung *Koffietijd* erfanden Arjan Ederveen und Tosca Niterink in den 1990er-Jahren die Fernsehsendung *Borreltijd*. Darin diskutierten Peter van der Pood und Ellen B. mit ihren Gästen über langweilige Themen – mit der TV-Köchin Ria van Eindhoven auch einmal über »Nichtstun«. Ellen erzählte, dass sie einmal mit ihrer Freundin Mireille Tretboot fahren wollte, Letztere aber absagte, weil die Blessuren vom letzten Mal noch nicht verheilt waren. So wurde Ellen zum Nichtstun verdonnert und fiel in ein schwarzes Loch, vermutlich dasjenige, vor dem schon Blaise Pascal gewarnt hatte. Es war das erste und letzte Mal, dass das Thema im niederländischen Fernsehen behandelt und auch dort sofort problematisiert wurde. Was macht man mit so viel Freizeit? Bloß nicht vor sich hinstarren, denn dann kommen düstere Gedanken.

Was Johan Cruyff über Fußball sagte, gilt auch für Niksen: Niksen ist einfach.

Man kann viel über uns Niederländer sagen: Wir sind direkt, wir meckern und polemisieren gerne und wir haben viele Kaufleute als Vorfahren, also gelten wir als tolerant (es ist uns egal, an wen wir etwas verkaufen, solange wir es verkaufen) und als geschickt in Verhandlungen. Letzteres ist das berühmte *polderen*: so lange verhandeln, bis ein Punkt erreicht ist, an dem sich alle ungefähr einig sind (und man seine Waren verkaufen kann). Man kann aber nicht behaupten, dass Niederländer das Niksen besonders schätzen. Höchstens wenn sie gerade stundenlang im Garten geschuftet oder die Kleinkriminalität in der Nachbarschaft bekämpft haben, im Fitnessstudio waren oder den Abwasch erledigt haben, ja, dann können sie sich schon mal eine Pause gönnen.

Das Schöne am Niksen ist, dass es völlig ziellos ist. Dennoch haben wir das Buch mit der Idee geschrieben, dir zu zeigen, *warum* Niksen so gut ist. Niksen beruhigt, weil du deine Gedanken schweifen lassen kannst und dir die Zeit nimmst, den Kopf wieder freizubekommen. Es ist auch gut für den Körper, weil du dein wahrscheinlich hektisches Leben entschleunigst. Auf die Kreativität wirkt sich Niksen ebenfalls positiv aus, denn gerade beim Nichtstun kommen einem doch oft die besten Ideen. Und gut für deinen Geldbeutel ist Nichtstun allemal, denn es ist völlig kostenlos.

Auch wir tappten in die Falle, dass alles ein Ziel haben muss. Während der Recherche zu diesem Thema, beim Lesen der Bücher und in den Gesprächen mit Menschen wurde uns dann aber klar, dass gerade das Fehlen eines Ziels das Schöne am Nichtstun ist. Es hat überhaupt keinen Zweck, und das ist wunderbar! Was die niederländische Fußballlegende Johan Cruyff über seinen Sport sagte, gilt auch für Niksen: Niksen ist einfach.

Das Schwierigste ist, einfach zu niksen. Denn Niksen hat viele Feinde, ist aber auch schwer zu fassen. Man kann es zum Beispiel nicht einplanen, weil es ja gerade darum geht, Zeit zu verlieren. Statt uns noch mehr aufzubürden, sollten wir also unseren Zeitplan ausmisten. Ein Fernsehabend zum Beispiel ist nicht niksen. Er entspannt vielleicht und lässt uns unsere Probleme vergessen, aber stattdessen beschäftigen wir uns nun mit den Problemen anderer. Es ist eine Ablenkung, eine Flucht. Eine halbe Stunde zwischen Abendessen und Abendprogramm mit einer Sanduhr in der Hand eine Weile vor sich hinstarren, ist ebenfalls kein Nichtstun. Auf der Couch Fotos auf dem Smartphone ansehen, in die Küche gehen, um den Finger in den köchelnden Brei zu stecken, in einer Zeitschrift schmökern oder mit einem Freund chatten, auch all das ist eher ein »Herumspielen«: leichte Aufgaben für den Kopf ohne jeglichen Zeitdruck. Aber mit Niksen hat das nichts zu tun.

DIE DEFINITION

Niksen ist: in einem unbeobachteten Moment nichts zu tun zu haben und sich nicht etwas auszudenken, was man tun könnte. Oder eine Aktivität zu streichen und diese durch gar nichts zu ersetzen.

Niksen erfordert etwas Übung. Du fängst vielleicht beiläufig damit an, aber hörst wieder schnell damit auf, weil Langeweile aufkommt oder du doch mal wieder etwas Sinnvolles tun solltest. Die Kunst des Nichtstuns besteht jedoch darin, sich nicht von solchen erlernten Gedanken ablenken zu lassen, sondern mit dem Nichtstun fortzufahren.

Du erlebst solche Momente zum Beispiel dann, wenn du am liebsten deine Kaffeetasse aus dem Fenster werfen möchtest und für einen Moment völlig apathisch vor seinem Bildschirm sitzt. Oder wenn du denkst, der Tag sei zu kurz, du nicht mehr weißt, wo dir der Kopf steht und du dich plötzlich am

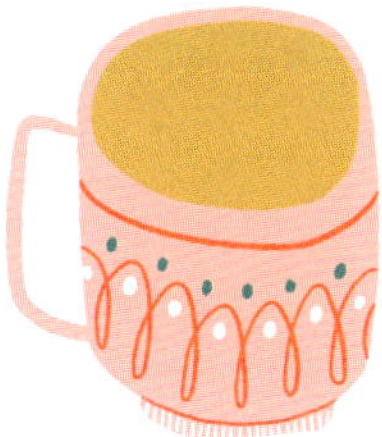

Fenster wiederfindest, ohne zu wissen, wie du dorthin gekommen bist. Diesen Moment solltest du versuchen festzuhalten, egal, wie kurz er auch sein mag.

Es sind Momente wie diese, die so herrlich sind – und die Katzen wahrscheinlich den ganzen Tag haben. Die Kraft des Nichtstuns liegt gerade darin, nichts sein zu müssen, es ist locker und leicht.

Die Uhr tickt weiter, aber das kann dir auch mal egal sein. Einfach mal ignorieren.

Dieses Buch ist ein hoffnungsvoller Versuch, Niksen zu einem Lebensstil zu erheben. In einer Zeit voller Verpflichtungen und Erwartungen, die immer öfter zu Burn-outs, Bore-outs und Depressionen führen, plädieren wir dafür, Niksen als Weg einzuführen, wie man der Zeit entkommt. Die Uhr tickt weiter, aber das kann dir auch mal egal sein. Einfach mal ignorieren. In der Welt der Meditation gilt: Wer keine Zeit zum Meditieren hat, sollte eigentlich doppelt so lange meditieren, um wieder zur Ruhe zu kommen.

Hoffentlich bist du begeistert vom absoluten Nichtstun und denkst: Hey, ich will sie, diese Möglichkeit, mal komplett abzuschalten! Fürs Chillen ohne jegliches Zeitgefühl bedarf es jedoch dreier Voraussetzungen: Zeit, innerer Ruhe und Abgeschiedenheit von der Außenwelt.

DIE GRUNDZUTATEN

Die drei Grundzutaten für Niksen lauten: Zeit, Ruhe im Kopf und ein geeigneter Ort.

Verwende diese schnelle Checkliste immer dann, wenn sich ein Augenblick zum Niksen ereignet, zum Beispiel wenn du deine Arbeit früher beendet hast oder ein Treffen unverhofft abgesagt wurde:

- **Muss ich nicht mehr auf die Uhr schauen?**
- **Droht mein Kopf nicht gerade, wegen der vielen Gedanken zu explodieren?**
- **Befinde ich mich an einem Ort, an dem ich ungehemmt niksen kann?**

• 1 Zeit

Am wichtigsten ist, dass du nicht auf die Uhr starrst. Mit anderen Worten: Es gibt kein Zeitlimit. Wie Sex lässt sich Niksen nicht planen. Es geht schon, aber dann wird es mechanisch und man wirft das Wesentliche über Bord. Philosophische Fragen zum Thema Zeit bleiben oft unbeantwortet, wie etwa: Was genau ist Zeit? Warum sagen wir, dass man Zeit »verschwenden« oder »strecken« kann, während die Uhr einfach weiterläuft? Wie beeinflusst die Zeit die Art, wie wir leben? Und wie kann es sein, dass die Zeit manchmal schneller zu vergehen scheint?

Die Frage für Niksen ist vor allem: Kannst du alles, was du über die Zeit weißt, für einen Moment in das unendliche Nichts verbannen? Damit du die Zeit »verlierst« oder zumindest nicht mehr im Blick hast? **Wenn ja, hast du die erste Hürde genommen!**

• 2 Ruhe im Kopf

Am besten realisierst du gar nicht, dass du nichts tust, dass du Stunden (oder Minuten) komplett weg warst. Es braucht ein wenig Übung, bis du vollständig akzeptiert hast, dass Nichtstun etwas ist, das zu deinem Leben gehören kann. Als Anfänger musst du zunächst prüfen, ob du die nötige Ruhe hast und dich nicht von allen möglichen Reizen und Gedanken ablenken lässt. Wenn du zum Beispiel gerade deine sechste Tasse Kaffee getrunken hast, brauchst du es nicht zu versuchen. Dann kostet es zu viel Überwindung, und du fühlst dich nicht wohl dabei. Es ist wie bei einer komplizierten Diät, die das eigene Essverhalten durcheinanderbringt oder bei der man in dicken Büchern oder umständlichen Listen nachschlagen muss, ob man etwas essen darf oder nicht, und plötzlich feststellt, dass man versehentlich etwas Verbotenes zu sich genommen hat.

Momente zum Niksen ergeben sich regelmäßig, du musst nur lernen, sie zu erkennen! Viele Aufgaben auf To-do-Listen lassen sich aufschieben. Oft möchte man sie am liebsten alle streichen, um sie ganz los zu sein, aber Aufschieben – Prokrastination genannt – ist nicht unbedingt falsch. Manchmal enthält eine Liste einfach viel zu viel. So etwas wie das Ausräumen des Geschirrspülers ist zwar eine ehrenwerte Aufgabe, aber man kann auch einfach sauberes Geschirr aus dem Gerät nehmen und muss es nicht vorher in den Küchenschrank stellen. Auch wichtig: Vermeide Belohnungssysteme nach dem Schema: »Habe ich heute hart genug gearbeitet, um mir Nichtstun zu leisten?« Die Antwort auf diese Frage lautet immer: Ja!

Also: Hast du den Kopf ausreichend frei? Ja? Wunderbar! Dann können wir fortfahren.

• 3 Ein geeigneter Ort

Jetzt bist du fast bereit, dich völlig dem Nichtstun hinzugeben. Aber bevor du alle Knöpfe deiner Hose aufreißen und eine Weile im endlosen Nichts baden kannst, gibt es noch eine Schwelle zu überwinden: dein Umfeld. Andere Menschen dürfen da sein, müssen aber akzeptieren, dass du einfach nur dasitzt. Vielleicht verschiebst du den einen oder anderen Gegenstand, aber mehr auch nicht. Dein Umfeld, etwa ein Kollege oder ein Kind, darf Fragen stellen, sollte aber nicht über dich urteilen oder dir das Gefühl geben, du würdest deine Zeit vergeuden. Es sei denn, es stört dich nicht im Geringsten. Dann Chapeau! Denn missbilligende Blicke erschweren das Niksen erheblich. Es ist wie bei Jugendlichen, die nicht möchten, dass ein Elternteil sie ständig mit Fragen zu Hausaufgaben und Prüfungen belästigt. Alle Nasen sollten in die gleiche Richtung zeigen. Wenn jemand das nicht versteht, drückst du ihm am besten dieses Buch unter die Nase.

Wenn du hinter diese drei Bedingungen ein Häkchen gesetzt hast, kann das große Niksen beginnen. Und wenn eine oder gleich alle Bedingungen nicht passen, zeigt dir dieses Buch, was du tun kannst, um das zu ändern.

Willkommen in der besonderen Welt des Niksen!

1

NIKSEN und die Zeit

- **Was ist Zeit?**
- **Wie die Zeit uns im Griff hat**
- **Die herrliche Leichtigkeit des Niksen**
- **Niksen in Gesellschaft**

Wenn man Menschen nach ihren Erinnerungen an das Nichtstun fragt, fallen ihnen oft Beispiele aus ihrer Kindheit ein. Wie sie vor dem Wecker aufgewacht sind, sich angezogen, etwas gegessen und dann gedacht haben: Was soll ich heute machen, weiter mit dem Barbie-Traumhaus spielen oder das Kampfspiel von gestern fortsetzen? Kinder haben noch kein voll entwickeltes Zeitgefühl, dafür aber Erwachsene, die die Zeit im Auge behalten. Das ermöglicht Kindern, die Zeit ganz zu vergessen. Als Erwachsene haben wir die Uhr immer im Blick – zeitlose Momente gibt es höchstens noch im Urlaub. Nur: Wie holt man sich diese Momente wieder zurück in den Alltag? Wie »verliert« man Zeit, weil sie einfach mal für einen Augenblick keine Rolle spielt?

Es ist nicht einfach, frei von allen Sorgen und Verantwortlichkeiten zu sein und sich für, sagen wir, eine halbe Stunde auf nichts Bestimmtes zu konzentrieren. Das Nichtstun darf jedoch nicht zu einem Tagesordnungspunkt werden, den du abhaken kannst, weil ein Haufen selbst ernannter Lifestyle-Coaches dir sagt, dass das gerade »in« ist und es dein Herz zehn Jahre jünger macht. Niksen sollte eine gesellschaftliche Würdigung erhalten, damit jeder, ohne viel darüber nachdenken zu müssen, einfach einmal ungestört abhängen kann.

Die gute Nachricht ist, dass du nur einen Schritt vom Nichtstun entfernt bist. Du musst nur versuchen, dieses Buch wegzulegen und keine neue Aktivität zu beginnen. Um dir den Einstieg in das Thema Niksen zu erleichtern, findest du auf der nächsten Seite eine sehr beruhigende Illustration.

DAS PROBLEM »ZEIT«

Die niederländische Philosophin Joke Hermsen setzt sich für ein ruhigeres Leben ein. Bereits 2009, mitten in der Wirtschaftskrise, schlug sie vor, weniger statt mehr zu arbeiten. Seit vielen Jahren plädiert sie für die Einführung einer 25-Stunden-Woche. »Wir wären sofort einen Teil der Arbeitslosigkeit, eine Menge Stress und Burn-outs los und könnten uns und der Welt mehr Aufmerksamkeit schenken. Warum kommt man jetzt nicht mit solchen etwas idealistisch anmutenden Vorschlägen, statt immer nur ›mehr, mehr, mehr‹?«, so Hermsen im Gespräch mit der Zeitschrift *Filosofie Magazin.*

Sie plädiert dafür, den Terminkalender nicht lückenlos mit Verabredungen zu füllen, sondern öfter mal und ohne jegliches Ziel zu entspannen. Einfach untätig sein, um wieder Dinge zu sehen, die man sonst nicht gesehen hätte, und auf andere Gedanken zu kommen. Sie hat mehrere Bücher über das Phänomen Mensch und Zeit verfasst und darüber, wie die Uhr unser Leben dominiert. Dazu zählen unter anderem auch feste Arbeitszeiten. Früher nach der Schule durfte man selbst entscheiden, wie viel Zeit man für seine Hausaufgaben brauchte, aber Angestellte müssen eine bestimmte Zeit anwesend sein, um ihre Arbeit zu erledigen, obwohl nicht jeder dafür die gleiche Zeit benötigt. Es ist seltsam, dass wir acht, neun Stunden am Stück durchhalten müssen, obwohl viele manchmal stundenlang geistig abwesend sind. Und diese Zeit messen wir nicht.

VERGÄNGLICHKEIT

Wir wissen, dass unsere Zeit auf Erden begrenzt ist. Das ist Segen und Fluch zugleich. Wir lernen, Gefühle des Glücks intensiv zu genießen, haben aber Angst vor dem Tod. Wir fragen uns, was danach sein wird, und da die Antwort uns nicht erheitert, suchen wir wieder Ablenkung. Daher ist »Zeitverschwendung« eine unterbewertete Aktivität. Das Leben ist kurz, du weißt nicht, wann es enden wird, also mach das Beste daraus! Lebe dein bestes Leben. Zu wissen, dass das Leben endlich ist, ist ein Geschenk, denn somit wissen wir auch, dass wir es bis zum Schluss auskosten sollten. Es ist ein Paradoxon: Das Leben ist schön, das Sterben weniger, aber durch den Tod wird das Leben schöner, oder zumindest besonders. Dieses Leben mit Herumhängen zu vertun, ist keine Option.

> Mediation gab es bereits Jahrtausende vor Beginn unserer Zeitrechnung. Seitdem gab es in vielen Bereichen große Fortschritte, nur Niksen zählte bislang noch nicht dazu.

In seinem 2018 publizierten Buch *In Praise of Waisting Time* – auf Deutsch etwa: *Ein Lob der Zeitverschwendung* – lobte der Humanwissenschaftler Alan Lightman die nicht sinnvolle Nutzung von Zeit. Er beschreibt diese Zeit als eine, die unstrukturiert und ziellos ist. Daher kann ein Mittagessen mit einem Freund auch als verschwendete Zeit betrachtet werden. Es sei denn, das Mittagessen dient dazu, Geld oder etwas anderes mit praktischem Nutzen zu bekommen. Lightman betont zudem, dass wir Menschen uns schon seit Jahrhunderten damit beschäftigen, Ruhe zu finden und den verrückten Stress abzubauen. Mediation gab es bereits Jahrtausende vor Beginn unserer Zeitrechnung. Seitdem gab es in vielen Bereichen große Fortschritte, nur Niksen zählte bislang nicht dazu.

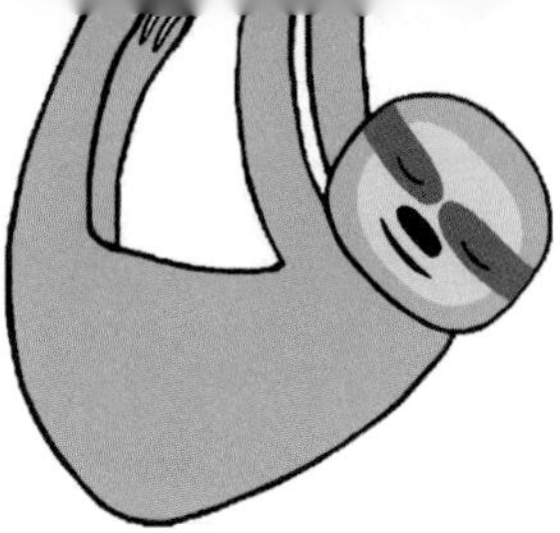

In seinem Buch zitiert Lightman eine Reihe interessanter Studien, unter anderem welche, die an den Universitäten von Virginia und Harvard stattfanden, bei denen Studenten zwölf Minuten lang allein in einem völlig leeren Raum und ohne jegliche Form der Unterhaltung sitzen mussten. Es gab eine Art Buzzer, aber wenn sie diesen drückten, bekamen sie, wie sie beim Testen feststellten, einen unangenehmen Stromschlag, den sie unbedingt vermeiden wollten. Es gab nur zwei Regeln: Sie durften nicht einschlafen und sie durften nicht aufstehen. Am Ende entschieden sich 67 Prozent der Männer und 25 Prozent der Frauen für den Stromschlag, trotz des damit verbundenen unangenehmen Gefühls.

Liegt Niksen womöglich nicht in unserer Natur? Schon der französische Philosoph Blaise Pascal sagte, »daß das große Unglück des Menschen daherkommt, daß er sich nicht ruhig in seinem Zimmer zu halten weiß«.

»Da der digitale Bildschirm unsere Realität ersetzt hat und zum Architekten unserer Intimitäten geworden ist, werden wir immer Angst vor dem Alleinsein haben. Wir finden es fast unmöglich, bei uns selbst zu sein und herauszufinden, wer wir sind. Das Größte, das wir vermissen, sind eigentlich wir selbst«, so Lightman. Man braucht Zeit, um zu niksen, um nachzudenken und sich fast zu langweilen, um zu lernen, wer man ist.

Schon der französische Philosoph Blaise Pascal sagte, »daß das große Unglück des Menschen daherkommt, dass er sich nicht ruhig in seinem Zimmer zu halten weiß«.

BEHAARTE HÄNGEMATTE

Im Tierreich wird das Nichtstun hoch geschätzt. Hier scheint alles perfekt zu sein: viel schlafen, zwischendrin mal dem einen oder anderen Tier den Hals umdrehen und dann wieder schlafen.

Der Mensch ist die einzige Tierart, die Zeit in eine messbare Größe verwandelt hat. Wenn es um Entspannung geht, haben Tiere es gut, aber ihr Problem ist, dass sie nicht alle ihre natürlichen Feinde so erfolgreich besiegt haben wie der Mensch und dass sie mit traumatischen Erfahrungen oder Selbstverwirklichung gar nichts anfangen können. Bei ihnen besteht Erziehung mehr darin, zu lernen, wie man überlebt, als das Leben auszukosten und dem Nachwuchs das richtige Rüstzeug mitzugeben, um das Leben zu meistern.

Manchmal schauen wir ein wenig neidisch auf unsere Haustiere, wie sie es schaffen, ihre Zeit einfach nur so verstreichen zu lassen. Wie machen sie das? Ja, da hilft es, keine Selbstwahrnehmung zu haben. Und kostenlose Kost und Logis.

Was können wir von Tieren lernen?
Werfen wir einen Blick auf Faultiere. Die behaarten Hängematten schlafen zehn Stunden am Tag – eigentlich gar nicht so viel. Da sie sehr träge sind, verbrauchen sie kaum Energie. Hier kommt der erste Nachteil ins Spiel: Faultiere fressen sehr wenig. Sonst würden sie zu dick werden und vom Baum fallen. Ein weiterer Nachteil: Ab und an verlassen sie ihre Schlafstelle, um Kot abzusetzen. Das tun sie an einem speziellen Ort, wo auch andere Faultiere aus dem gleichem Grund hinkommen. Und nun der größte Nachteil überhaupt: Dieser Ort dient Paaren auch als Treffpunkt. Hier treffen sie sich etwa einmal pro Woche. Nicht ideal, gleichwohl man seinen Partner dann schon mal von seiner hässlichsten Seite kennenlernt. Wer nur einen Funken Ehrgeiz hat, wird keine der Charaktereigenschaften eines Faultiers übernehmen: Wenig essen ist fad und seinen Partner auf dem Misthaufen zu treffen, ist auch nicht gerade die Traumvorstellung eines Dates.
Koalas sind auch nicht besser: Sie schlafen die meiste Zeit des Tages, fressen aber nur Eukalyptus. Doch Essen ist total wichtig für uns Menschen und wie Doping: Es erzeugt Lebensfreude, Energie und Geselligkeit. In diesem Punkt können wir also keine Abstriche machen.

LANGEWEILE

Niksen hat eine ganze Menge Feinde, wie etwa Langeweile oder die Angst davor. Wir können ja nicht den ganzen Tag abhängen und herumliegen, das ist nur Katzen, Faultieren und noch einer Handvoll anderer Tiere vorbehalten.

Allerdings ist die Grenze zwischen Nichtstun und Langeweile fast fließend. Wer zu lange nichts tut, wird sich womöglich bald langweilen. Aber ist das denn wirklich so schlecht? Der moderne Mensch tut sich sehr schwer mit Langeweile, vor allem im Zeitalter der Dauerunterhaltung. Oder hast du schon mal im Zug oder in einem Wartezimmer gesessen, in dem nicht sechs verschiedene Medien mit schönen, »wichtigen« Inhalten um deine Aufmerksamkeit buhlten? Während ein Kleinkind schreiend herumrannte, weil eine Murmel in seinem Nasenloch steckte, bist du in das Leben von Drogenkriminellen in unterirdischen Gängen in Mexiko eingetaucht. Das Einzige, womit man zu kämpfen hat, sind die Blicke der Leute, die finden, dass »keiner mehr auf den anderen achtet«.

In ihrem Buch *The Science of Boredom* nennt die britische Psychologin Sandi Mann dies den Fluch des 21. Jahrhunderts: Je mehr Reize wir erfahren, desto mehr Reize wollen und suchen wir. Wir verlieren die Fähigkeit, den Trott und die Wiederholungen des täglichen Lebens zu ertragen. Gleichzeitig suchen immer mehr Menschen auf unterschiedliche Weise die Stille, zum Beispiel indem sie ohne Smartphone in den Urlaub fahren oder an einem Schweige-Retreat teilnehmen.

Mann beschreibt Langeweile nicht als Unfähigkeit, sich irgendeine Aktivität auszudenken, die auch nur die minimalste Funktion erfüllt, sondern als Unfähigkeit, zu wissen, worauf man Lust hat. Gar nichts tun gelingt erst, wenn man in Isolationshaft schon dreimal hintereinander masturbiert hat und ein weiteres Mal einfach nur an Muskelschmerzen scheitert. Und Orgasmen machen irgendwann auch nur noch bedingt Spaß. Langeweile frustriert, da sich

Unzufriedenheit mit dem Status quo einstellt. Laut Mann lassen wir Langeweile nicht einfach zu, sondern fangen an, sie mit »leeren« Aktivitäten wie Online-Shopping oder albernen Spielen zu füllen. Lustigerweise langweilen sich Männer beim Online-Shopping bereits nach 26 Minuten, Frauen erst nach zwei Stunden (was?!).

In Vorträgen fragt Mann ihre Zuhörer oft danach, ob sie sich manchmal langweilen. 99 Prozent antworten mit Ja. »Aber es gibt immer die eine Person, die ganz stolz den Finger hebt und sagt, dass ihr nie langweilig ist«, schreibt Mann. »Ob das stimmt oder nicht (ich vermute, dass sie tolle Wege gefunden hat, mit Langeweile umzugehen, aber diese dennoch erlebt hat), ist der Hinweis klar: Nur der inaktive, faule, schwache Mensch langweilt sich.«

Lustigerweise langweilen sich Männer beim Online-Shopping bereits nach 26 Minuten, Frauen erst nach zwei Stunden (was?!).

Peter Toohey, Professor für klassische Sprachen, führte ebenfalls eine Studie zum Phänomen Langeweile durch und kam zu dem Schluss, dass manche Menschen sich schneller langweilen als andere. Die Ursache dafür liegt in der Ausschüttung des Glückshormons Dopamin. Er sagt auch, dass es sehr gesund sein kann, sich zu langweilen, weil es eine Warnung sein kann, dass eine gewisse Situation nicht gut für uns ist. Bei Langeweile, etwa wenn wir versuchen, einer eintönigen Rede zu lauschen, können wir anfangen zu träumen, was zu Kreativität führen kann, einfach so.

Wer so klug ist, dass er sich selbst als »intellektuell« bezeichnen kann, dessen Langeweile heißt *Ennui*, und dieser Zustand ist existenziell. Laut Nietzsche brauchen Kreative eine Menge Langeweile, um Höchstleistungen zu erbringen. Er nannte Langeweile »die unangenehme Windstille der Seele«, die den »lustigen Winden« der Kreativität vorausgeht. Es tut einen Augenblick lang weh, aber danach wartet eine reiche Ernte. Er hasste Menschen, die sich jeden Tag in die Arbeit schleppten, weil es ihnen aufgezwungen wurde. So hatten sie es von Kindesbeinen an gelernt und deshalb brauchten sie auch drei Wochen Urlaub im Jahr. Lächerlich, befand er. Man dürfe diesen »Zugtieren« nicht ihre »Ferien« versagen, schrieb er in *Morgenröthe*, denn dann würden sie einfach aufbegehren. »Dies Muße-Ideal eines überarbeiteten Jahrhunderts: wo man einmal nach Herzenslust faulenzen und blödsinnig und kindisch sein darf.«

NIKSEN WIE EIN FALTER

Der niederländische Philosoph Awee Prins hat über das Thema Langeweile promoviert. In seiner Dissertation zitiert er eine Passage aus dem Gedicht »Het uur U« des niederländischen Schriftstellers Martinus Nijhoff:

... eine Stille, nicht nur nach der Form
eine Stille vor dem Sturm,
sondern eine Stille jener Art,
in der gehört werden Dinge,
die das Ohr noch nie erfuhr.

Laut Awee handelt es sich um eine Welt, die wir sehen könnten, wenn wir nicht so sehr damit beschäftigt wären, die Stille zu übertönen und die Langeweile zu bekämpfen. Langeweile bedeutet in der Regel Unzufriedenheit. Selten sagt jemand: Ich habe Lust, mich zu langweilen. »Niksen ist die glückliche Seite der Langeweile«, sagt Awee. Mehr als andere kämpfen wir Niederländer damit, uns zu entspannen und nichts zu tun: Der Grund: unsere ausgeprägte Arbeitsmoral. Dennoch faszinieren uns Menschen, die es schaffen, aus dem Hamsterrad auszusteigen, um einfach nichts zu tun. Eine Ode an die Faulheit – etwas, das man eher in Frankreich erwarten würde. Paul Lafargue, der Schwiegersohn von Karl Marx, schrieb im 19. Jahrhundert *Das Recht auf Faulheit: Widerlegung des »Rechts auf Arbeit«*. In diesem satirischen Werk stellte er sich gegen die Meinung seines Schwiegervaters und plädierte vor allem für einen kürzeren Arbeitstag.

Awee sagt auch: »Im Übrigen stellt sich die Frage, ob der Mensch nicht ein ›überarbeitetes Tier‹ ist und ob wir überhaupt niksen können.« Die Griechen hatten das Wort *scholè*, von dem unser Wort »school« (Schule) stammt, das aber wörtlich »freie Zeit« bedeutet. Also Zeit, in der man nichts tun muss. Aber was taten die Griechen? Sie wollten mehr erfahren, fingen an, die Welt und auch sich selbst zu erforschen. Denke nur an den Spruch: »Ein Tag ohne

Denken ist ein nicht gelebter Tag.« Es gelang ihnen nicht, echte Freizeit zu haben.

Wir haben den Sabbat oder den Sonntag: Nach getaner Arbeit ist Erholung angesagt. Oder anders gesagt: Niksen und Freizeit muss man sich verdienen. Es ist ein Geschenk, für das man dankbar sein sollte. Da macht das Christentum keine Ausnahme: Niksen ist Müßiggang und Müßiggang ist des Teufels Ruhebank. Das hat uns Niederländer sehr geprägt. Wer untätig ist, ist nicht produktiv, ist faul, ist schuldig. Deshalb tun wir Menschen uns schwer, die Jahrhunderte, in denen wir nichts mit Freizeit anzufangen wussten, einfach abzuschütteln.

Da macht das Christentum keine Ausnahme: Niksen ist Müßiggang und Müßiggang ist des Teufels Ruhebank.

Vielleicht ist das der Grund, warum wir so verzweifelt versuchen, Probleme wie Arbeitsausfall und Phänomene wie Burn-out und Überarbeitung anzupacken. Wir wollen sie sofort reparieren, als würden wir ein Loch in der Straße flicken oder einem leerstehenden Gebäude wieder eine Funktion geben, wenn auch nur vorübergehend, zum Beispiel in Gestalt einer Hausbesetzung. Awee beschreibt es so: »In den letzten Jahrzehnten gab es eine Reihe von reaktionären Bewegungen, die also nur auf gesellschaftliche Entwicklungen reagierten. Es gab die Hippies, mit den Ideen von ›Relax‹, ›Don‹t be too stressed‹, danach die ›Slow‹-Bewegung von Carl Honoré und Konsorten: ›Slow Food‹, ›Slow Sex‹, ›Slow Cities‹ … Alles Bewegungen gegen die Beschleunigung, wie auch Parolen wie etwa ›Wir müssen uns entschleunigen‹. Zehn, zwanzig Jahre lang war das ein echtes Modewort. Das Gleiche gilt für ›Auszeit‹. Das sind Begriffe, die wir zur Stressbewältigung verwenden, und deshalb sind sie eigentlich uninteressant. Es sind lediglich Reaktionen, die sich letztlich am Optimierungsdenken abarbeiten: entschleunigen, aufstehen und weitermachen. Das Schöne an dem Wort ›niksen‹ ist, dass es so schamlos ist.

Es könnte eine sehr frivole Art sein, sich in dem seltsamen Raum zwischen Sein und Nichtsein zu bewegen, und vielleicht sogar zwischen Leben und Tod, und das macht es wirklich faszinierend.« Es ist also wichtig, dass Niksen nicht zu etwas wird, das zu einem Ziel führt. Niksen ist inhaltslos. Es ist nichts und es beginnt wie es endet: nirgends.

Niksen hat von Natur aus viele Feinde, die es uns wegnehmen wollen. Es besteht die Gefahr, dass Langweile eintritt, aber auch dass wir für faul oder unser Verhalten für moralisch verwerflich gehalten wird. Awee schreibt: »Es ist wie bei einem Abenteuer: Schlägt es in Gefahr um, ist es kein Abenteuer mehr. Aber wir sollten uns nicht zu sehr von diesen Piraten beeindrucken lassen. Wir sollten aus dem Nichtstun selbst denken, denn das Tolle an ihm ist, dass es, anders als ein Urlaub oder ein Ausflug, kein Zeitlimit kennt.« Spätestens wenn der Magen knurrt, findet Niksen ein natürliches Ende. »Aber das Nichtstun an sich hat den eigentlichen Sinn, uns auf eine sehr unbeschwerte Art und Weise mit dem Nichts zu konfrontieren. Angst konfrontiert uns auch mit dem Nichts, aber auf eine sehr dramatische, unangenehme Weise. Wir geraten in Panik, wir erkennen, dass wir sterblich sind, und das bringt uns dazu, mehr aus unserem Leben machen zu wollen. Darüber wurden zahlreiche nette Geschichten geschrieben, der ganze Existenzialismus beruht schließlich darauf. Das Schöne am Nichtstun ist, dass es leicht und oberflächlich ist, aber irgendwie lässt es uns das bloße Sein erspüren. Nicht im Sinne von einer Aktivität, eines Bearbeitens oder Erreichens, sondern einfach als das reine Sein.«

Das Nichtstun ist auf nichts Bestimmtes gerichtet, und deshalb erscheint es wie ein unwichtiges und unbedeutendes Phänomen. Doch vielleicht ist es eine sehr schöne Form von Interesse, wirklich zwischen den Dingen zu sein. Es wirkt so unscheinbar, aber irgendwie ist man durch das Nichtstun auf eine seltsame Art und Weise mit allem verbunden. Mit Allem und Nichts. Nur sollte das Niksen nicht als eine Art Pause verherrlicht werden, aus der wir stärker oder kreativer hervorgehen, denn das ist reines Optimierungsdenken. Wir müssen lernen, nur das Nichtstun als solches im Blick zu haben.

UND WAS IST MIT DEM TERMINKALENDER?

Jetzt zur Praxis. Der Terminkalender ist ein notwendiges Übel. Denn wer kann sich schon all seine Termine merken? Die gute Nachricht ist, dass du es selbst bist, der die Termine einträgt. Die Kardiologin Angela Maas sagt, wir müssten lernen, Verpflichtungen zu parken, damit To-do-Listen unser Herz nicht überstrapazieren. Ihr Tipp: Aufgaben immer notieren, damit sie nicht ständig im Kopf herumspuken. Es ist toll, Erledigtes abhaken zu können. Noch schöner ist es, Aufgaben aufzuschreiben, die man bereits erledigt hat und deshalb sofort wieder abhaken kann. Abhaken *for President*.

Georgia Holt, die Mutter der Sängerin und Oscar-Preisträgerin Cher, gab ihrer Tochter und damit der Menschheit folgenden wertvollen Tipp: Wenn etwas in fünf Jahren keine Rolle spielt, ist es auch jetzt nicht wichtig. Allzu oft kämpfen wir mit Problemen von vorübergehender Art, die am nächsten Tag oder vielleicht nächste Woche gar nicht mehr relevant sind. Zum Beispiel die Frage: Hasst mich dieser bestimmte Kollege? Es kann uns den Schlaf rauben, aber wenn wir einmal wissen, dass er bei jedem anderen ebenso kurz angebunden ist, denken wir nie wieder darüber nach. Und so verschwindet ein Großteil unserer Sorgenliste auf ganz natürliche Weise, ohne dass die ganze Energie, die wir darin investiert hatten, irgendetwas genutzt hat.

Ein Mensch leidet oft noch am meisten
unter dem Leiden, das er fürchtet
Doch da das Leiden nie kommt
Hat er mehr zu tragen
Als Gott ihm zum Tragen gibt

STOPPE
DAS
ROMANTISIEREN
DEINER
VOLLEN VOLLEN
VOLLEN VOLLEN
VOLLEN
AG
EN
DA

AN DER PERFEKTION GESCHEITERT

Perfektionismus ist zeitraubend. Wer ihm nachstrebt, sollte wissen, dass er nie fertig wird, denn nichts ist perfekt. Perfektion ist also ein Feind des Nichtstuns. Die amerikanische Professorin für Soziale Arbeit Brené Brown hat viel darüber geschrieben, wie man seine Unvollkommenheiten akzeptiert. Und über das Eindämmen all seiner Ängste, dass man unzulänglich wäre und bestraft gehörte, weil man nicht alles für seinen Job oder seine Beziehung getan hat. Oder dieses verrückte Hochstaplersyndrom, welches das Gefühl hervorruft, seinen Erfolg nicht verdient zu haben und man kurz vor der Enttarnung steht. In ihren Büchern und Vorträgen hält sie den Menschen vor, nicht vor »ihrer Geschichte« davonzulaufen und sich nicht für sich selbst zu schämen. Dazu gehört auch, dass man seine Verpflichtungen nicht auf einmal erfüllen muss. Wie Brown sagt: Sei empathisch mit dir selbst. Mit Perfektion richtet man sich an Dritte (wie wird das endgültige Urteil lauten?), mit positivem Bemühen an sich selbst.

TIPP!

Oft spürst du bereits frühzeitig, dass dein Terminkalender einen Eintrag (oder gleich mehrere) zu viel enthält: Warte nicht zu lange mit der Absage, sondern verschiebe ihn rechtzeitig. So gibst du anderen frühzeitig die Möglichkeit, diese Zeit anderweitig zu nutzen, und läufst nicht ständig mit den vielen Absagen im Kopf herum.

SCHLAFMANGEL

Während manche Menschen auf mindestens acht Stunden Schlaf pro Nacht schwören, genügen anderen nur ein paar Stunden. Jahrelang hielt sich der besorgniserregende, von beliebten Politikern und erfolgreichen Geschäftsleuten befeuerte Trend, dass vier Stunden Schlaf pro Nacht reichen, um sich anschließend wieder den wichtigen Dingen des Lebens widmen zu können. Sie zeichneten das Bild, dass Schlaf etwas für Trottel sei und dem Erfolg im Wege stehe. In dieses Bild passen Aussagen wie: »Schlafen kann ich, wenn ich tot bin.« Ironischerweise führt chronischer Schlafmangel tatsächlich schneller zum Tod. Manche Menschen stehen um 4 Uhr morgens auf, um eine Stunde lang zu joggen, weil sie dadurch stressresistenter sind. Das ist toll, aber hoffentlich machen diese Menschen tagsüber auch mal ein Nickerchen. Dolly Parton schläft auch wenig, weil ihr »Stoffwechsel es nicht braucht«. Sie geht früh ins Bett und steht morgens um 3 Uhr wieder auf. Fünf Stunden Schlaf sind für sie »lang«. Was? Ja, sie legt sich nach dem Mittagessen kurz hin, aber sie mag die Stille am frühen Morgen und erledigt dann all ihre Arbeit.

Dolly Parton schläft auch wenig, weil ihr »Stoffwechsel es nicht braucht«. Sie geht früh ins Bett und steht morgens um 3 Uhr wieder auf.

Schlaf ist wichtig, und auch der englische Neurowissenschaftler Matthew Walker warnt in seinem Buch *Das große Buch vom Schlaf* vor dem propagierten Schlafentzug. Wer vor dem Lernen schläft, steigert die Fähigkeit seines Gehirns, neue Erinnerungen zu schaffen. Das passiert jede Nacht. Tagsüber, wenn wir wach sind, nimmt das Gehirn aber laufend neue Informationen auf.

Früher schliefen die Menschen nachts nur vier Stunden, arbeiteten anschließend und schliefen am Nachmittag wieder vier Stunden. Walker zeigt in seinem Buch außerdem, dass Schlafmangel sich negativ auf die Leistungsfähigkeit auswirkt und Chefs mit kurzen Zündschnüren kreiert. Als Beweis schreibt er über Schlafentzug als Foltermethode: Menschen gestanden die abscheulichsten Verbrechen, nachdem sie tagelang wachgehalten wurden und man ihnen immer wieder ungestörten Schlaf als Belohnung versprach. Laut Walker ist Schlafmangel wie ein langsamer Selbstmord und die größte Gefahr für die Volksgesundheit in den Industrieländern des 21. Jahrhunderts. Deshalb plädiert er für einen radikalen gesellschaftlichen Wandel. Schlaf muss cool werden, ohne Scham und ohne das Stigma der Faulheit. Dann wissen wir vielleicht wieder, wie es ist, tagsüber wirklich wach zu sein, mit dem Gefühl tiefsten Reichtums unserer lebendigen und fitten Existenz.

NICKERCHEN

Wie wär's mit einem Nickerchen? Ein kurzer Schlaf von etwa 15 Minuten oder weniger? Jeder Mensch hat in der Mittagszeit einen biologisch programmierten Moment des Leistungseinbruchs. Jener Moment, wenn der Trubel losgeht, weil dein Kollege versehentlich ein Sandwich in die Mikrowelle und nicht in den Ofen gelegt hat, und du denkst: Das ist wahrscheinlich viel Lärm um Nichts, ich schließe mich auf der Toilette ein und mache einen Powernap. Oder der Moment im Meeting, wenn plötzlich alle sagen: »Ja, das ist es, so machen wir es!«, und du völlig ahnungslos bist, weil du in Gedanken an einem sonnigen Strand warst. Trotzdem nickst du eifrig und hoffst auf ein ausführliches Protokoll.

SCHLAFTIPPS

Zum Glück gibt es immer mehr Menschen, die ausreichend Schlaf befürworten, wie Arianna Huffington, die Chefredakteurin der *Huffington Post*. Sie schlief so wenig, dass sie infolge ihres chronischen Schlafmangels sogar in Ohnmacht fiel. Anschließend warf sie das Ruder komplett herum. Heute rät sie, die von Experten empfohlenen acht Stunden Schlaf pro Nacht einzuhalten. Damit das gelingt, folgen hier ihre sechs Tipps:

- **Sich mindestens 30 Minuten vor dem Schlafengehen von leuchtenden Elektrogeräten fernhalten**
- **Vor dem Schlafengehen ein Bad nehmen**
- **Einen Pyjama anziehen**
- **Das Schlafzimmer dunkel, still und kühl halten**
- **Nach 14 Uhr keine koffeinhaltigen Getränke mehr**
- **Das Bett dient nur zwei Funktionen: Schlafen und Sex**

NICKERCHEN

Das klingt ziemlich

KINDISCH

Ich nenne sie

LIEBER

HORIZONTALE LEBENSPAUSEN

Das natürliche Bedürfnis, am Nachmittag ein Nickerchen einzulegen – besser bekannt als Verdauungsschlaf oder postprandiale Hypoglykämie –, haben wir komplett aus unserem Leben gestrichen. In der Mittagszeit ist niemand konzentriert. Wer seinen Kollegen eine brillante Idee aufdrängen will, findet keinen besseren Zeitpunkt (keine Erfolgsgarantie!).

In einer idealen Arbeitswelt kann man ein Nickerchen in einem bequemen Bett oder auf einer weichen Couch machen. In einigen großen Unternehmen ist Powernapping der letzte Schrei: Ein 15-minütiges Nickerchen wirkt drei Stunden lang. Thomas Edison, der Mann, der 16 Ideen pro Minute hatte und nur sehr kurz schlief, machte auch Nickerchen. Wenn er mit seinem Latein am Ende war, legte er sich kurz hin und kam auf kreative Ideen. Auch Salvador Dalí schwor auf solche Nickerchen. Zwei berühmte Namen, die du ins Feld führen kannst, wenn du während der Arbeit ein Nickerchen machen willst.

Auch bei einem Powernap dreht sich alles um den Schlafzyklus. Würdest du mitten im REM-Schlaf aufwachen, wäre das Ganze total kontraproduktiv. Unternehmen wie Google und Nike nehmen mit flexibleren Arbeitszeiten Rücksicht auf Nachtschwärmer oder Morgenmuffel. Ob die Mitarbeiter diese Möglichkeiten tatsächlich nutzen, ist jedoch nicht bekannt. Vielleicht muss sich zuerst die Kultur ändern. Bei der NASA sind Nickerchen ganz normal. Hier wurde das Phänomen eingehend untersucht. Das Ergebnis: Ein perfekter Powernap dauert 26 Minuten.

In der Mittagszeit ist niemand Konzentriert. Wer seinen Kollegen eine brillante Idee aufdrängen will, findet Keinen besseren Zeitpunkt (Keine Erfolgsgarantie!).

NIKSEN UND FAMILIE

Kinder finden die Sommerferien manchmal zu lang (!?) und vermissen ihre täglichen Aktivitäten außerhalb der Ferien – etwas, woran sich viele Erwachsene nicht mehr erinnern. Als Erwachsener fährt man gern in den Urlaub, aber dass die Entspannung, die man dort erfährt, in Langeweile umschlägt, hat man vielleicht seitdem nicht mehr erlebt. Damals kam es einem schrecklich vor, aber heute blickt man mit Wehmut darauf zurück.

Manchmal ist es herrlich, dem Tempo von anderen folgen zu müssen, gerade weil es einem den Raum verschafft, die Zeit zu vergessen.

Als Kinder leben wir teilweise das Leben unserer Eltern. Wir gehen mit zu den Geburtstagen ihrer Freunde, Menschen, mit denen wir uns nicht immer verstehen und die wir manchmal sogar für dumm halten. Aber wie oft hattest du mit vermeintlich schrecklichen Kindern zu tun, mit denen du am Ende doch noch einen recht lustigen Nachmittag erlebt hast? Erst hattest du keine Lust hinzugehen, aber als deine Eltern wieder fahren wollten, warst du gerade in ein Spiel vertieft, aus dem du nicht herausgerissen werden wolltest. Und dann machten deine Eltern sich über dich lustig: »Wieso denn das, vorhin wolltest du doch gar nicht mit!« Und wieder war dein eigener Weg zu Ende. Ab ins Auto, denn ihr Leben bestimmte dein Leben.

Als Erwachsene haben wir manchmal keine Lust auf unsere eigenen Pläne, geschweige denn, auf die von anderen. Für Kinder gehört das dazu, sie akzeptieren es. Sie wehren sich manchmal, werden »erzogen« und schließlich unabhängiger. Wer auf angenehme Art und Weise zu einem Erwachsenen heranwächst, lernt, seinen Frust, den er als Kind erlebt hat, auf eine gesunde Art auszudrücken. Wenn zum Beispiel dein Partner als Rentier verkleidet zu einer Weihnachtsfeier gehen muss und du als Elf, wird sich vermutlich jede Faser deines Körpers dagegen sträuben. Aber aus Liebe zu deinem Partner ziehst du die spitzen Schuhe an und machst das Beste daraus.

Manchmal ist es herrlich, dem Tempo von anderen folgen zu müssen, gerade weil es einem den Raum verschafft, die Zeit zu vergessen. Wer sich freiwillig für einen Tag in das geschäftige Leben eines anderen begibt, wird auf andere Gedanken gebracht. Du gehst mit demjenigen in den Baumarkt, holst einen Geburtstagskuchen ab, kaufst eine neue Stehlampe für die Oma und hilfst beim Umdekorieren des Wohnzimmers. Du tust nicht nichts, aber du hast die Tür für Aktivitäten geöffnet, die für dich selbst nicht nützlich sind. Und so kann es passieren, dass du nicht das schwere Bücherregal auf die andere Seite des Zimmers schleppst, sondern plötzlich mit einer Tasse Tee in der Hand zwei herumtollende Kohlweißlinge beobachtest. Vielleicht hast du sogar einen so abwesenden Blick, der Ablenkung aller Art leicht widerstehen kann.

Eine andere Möglichkeit, inmitten der Familie zu niksen, ist Rückzug. Genauso wie es dir schon als Kind gelungen ist, dich der Aufmerksamkeit deiner Eltern zu entziehen – zumindest dachtest du das. Es ist das Gefühl, einfach mal einen Augenblick nicht zu existieren, weil du nirgendwo und niemand sein musst.

Als Erwachsene haben wir manchmal keine Lust auf unsere eigenen Pläne, geschweige denn, auf die von anderen.

NIKSEN UND FREUNDE

Nicht nur in der Arbeit kann sich der Terminkalender unbemerkt füllen, auch privat kann es schon mal zu viel werden. Daher stellt sich die Frage: Kannst du zusammen mit Freunden niksen? Ja, gerade mit Freunden!

Jeder, der einen guten Draht zu einem Geschwister hat, weiß, dass man während eines Besuchs problemlos mal drei Stunden lang ein »kurzes Nickerchen« auf der Couch machen kann, ohne dass sich jemand darüber aufregt. Und wenn doch, ist es auch egal. Schließlich weißt du, dass sie es dir ehrlich sagen würden, wenn sie die Couch selbst bräuchten. In einer idealen Welt wäre dies auch bei deinem besten Freund möglich, ohne dass dir Vorwürfe gemacht werden. Der Kampf gegen den Schlaf ist schließlich harte Arbeit, und Schlafmangel kann zu großen Problemen führen.

Aber du verabredest dich ja mit Freunden, um dich auszutauschen: Du willst wissen, wie es läuft, und erzählen, wie es dir selbst geht, aber nicht, wenn dein Gegenüber dich mit leerem Blick anstarrt. Dann hättest du genauso gut zu Hause bleiben können. Selbstverständlich ist ein solcher Freiraum also nicht, aber schön wäre es schon. Und dieser Freiraum ist es, was das Nichtstun mit Freunden ausmacht: Schweigen und die Gedanken fließen lassen. Wenn es um Niksen mit Freunden geht, stellt sich die Frage nach der Definition. Denn wirkliches Hardcore-Niksen ist nur möglich mit jemandem, wenn man das Niksen richtig gut beherrscht. Abhängen mit Freunden kann auch etwas Tolles sein: plaudern und essen, auf der Couch chillen und nicht viel tun.

In der Popkultur werden Freunde oft als Menschen dargestellt, die man rund um die Uhr wegen großer und kleiner Probleme anrufen kann. Um mit Freunden niksen zu können, ist es wichtig, dass ihr euch sehr gut kennt; mit Bekannten, zu denen du (noch) keine sichere Bindung hast, gelingt es nicht.

Die kanadische Psychologin Sue Johnson, die du vielleicht von ihren Büchern *Halt mich fest* und *Praxis der emotionsfokussierten Paartherapie* kennst, vertritt die Ansicht, dass Menschen nur selten neue oder tiefere Freundschaften auf ihrer Neujahrswunschliste stehen haben, es ihnen aber wichtig ist, wie viele Menschen zu ihrem Geburtstag kommen. Ein idiotischer Ansatz, von dem man sich sofort verabschieden sollte. Besser ist es, bestehende Freundschaften zu vertiefen; laut Johnson suchen wir danach auch ganz bewusst.

Dr. Amir Levine hat fünf Kernbedingungen für eine gut funktionierende Beziehung formuliert: Beständigkeit, Verfügbarkeit, Zuverlässigkeit, Ansprechbarkeit und Vorhersagbarkeit. Sind diese fünf Elemente vorhanden, ist Vertiefung möglich, und dann können wir einfach gemeinsam niksen. Dank der Verlässlichkeit brauchen wir uns keine Sorgen zu machen, dass der andere das Zusammensein zu langweilig findet. Außerdem erhöht dies unsere Verfügbarkeit, da wir uns vor engen Freunden nicht von unserer Schokoladenseite zeigen müssen. Und wie bei Geschwistern werden wir dank unseres guten Gespürs rechtzeitig erkennen, ob wir mit unserem Verhalten eine Grenze überschritten haben.

RUHIGE PARTY
Um zwei bei mir zu Hause. Dresscode: casual, denn wir werden gar nichts tun oder höchstens etwas essen. Ich freue mich, dass du kommst.
EINLADUNG

#JOMO

Freunde sind wichtig. Man braucht nur fünf gute, aber man kann auch zu viele haben. Das ist die Kehrseite der Medaille. Zu viele App-Gruppen, in denen du liebend gern mitmischen möchtest, zu viele After-Work-Drinks, Partys am Wochenende und Freunde, die mit dir in den Urlaub fahren wollen. Wenn Beliebtheit anfängt zu nerven, kann *JOMO* – kurz für *Joy of Missing Out*, also die Freude am Verpassen – die Lösung sein.

Man hört Menschen selten sagen: »Ich habe Karten für ein ausverkauftes Festival an diesem Wochenende, aber ich gehe nicht hin. Großartig!« Dennoch können sich Terminabsagen wie eine Befreiung anfühlen.

All die tausend Dinge, die wir in unserer Freizeit tun können, erzeugen *Choice Overload*, die Qual der Wahl und *FOMO* – kurz für *Fear of Missing Out*, also die Angst, etwas zu verpassen). Nach FOMO kam JOMO, das sich aber noch nicht wirklich durchgesetzt hat. Man hört Menschen selten sagen: »Ich habe Karten für ein ausverkauftes Festival an diesem Wochenende, aber ich gehe nicht hin. Großartig!« Dennoch können sich Terminabsagen wie eine Befreiung anfühlen. Wie beim Nichtstun streichst du einfach etwas von deiner To-do-Liste. Es ist, als würdest du einen schweren Rucksack nach einer langen Bahnreise mit vielen knappen Umstiegszeiten und Unwetter endlich ablegen können. So schön Termine auch sein können, manchmal ist es doch noch schöner, im Schlafanzug abzuhängen und einfach dein Ding zu machen. Doch ein Selfie von jemandem, der in einem kuscheligen Onesize auf dem Sofa liegt, sieht man eher selten in den sozialen Medien. Pfeif auf all diese Schnappschüsse, denen du angeblich gerecht werden sollst, und werde einfach nur dem Bild gerecht, so faul wie möglich zu sein, ohne schon wieder etwas tun zu müssen!

NIKSEN UND URLAUB

Urlaub ist die ideale Zeit, um nichts zu tun. Allerdings gibt es Menschen, die sich sogar im Urlaub einen Wecker stellen. Dabei gibt es keinen besseren Zeitpunkt, um gar nichts zu tun, vorausgesetzt, wir tappen nicht in eine der Fallen, die in den Ferien lauern. Entspannung kann sich nämlich auch wie eine Verpflichtung anfühlen.

Urlaub ist die einzige Zeit im Jahr, in der man faulenzen darf, und genau das erzeugt Druck. Schließlich wollen wir uns ganz und gar entspannen, um wieder neue Energie zu tanken. Wer das Glück hat, drei Wochen am Stück freizuhaben, hat gleichzeitig das Problem, dass die große Entspannung eben in diesen drei Wochen erfolgen muss. Eine weitere Falle ist, dass wir den Urlaub in der Regel mit anderen verbringen oder in dieser Zeit anderen Menschen begegnen. Aber hat uns Sartre nicht beigebracht, die Hölle seien die anderen? Die anderen haben schließlich auch nur diese drei Wochen, um sich komplett zu erholen. Nicht zuletzt ist der Urlaub die einzige Zeit, in der wir Länder besuchen können, die schon lange auf unserer Wunschliste stehen. Keine Entspannung, sondern die Welt sehen! Das klingt zwar auch nach Entspannung, muss es aber nicht immer sein.

> Wer das Glück hat, drei Wochen am Stück freizuhaben, hat gleichzeitig das Problem, dass die große Entspannung eben in diesen drei Wochen erfolgen muss.

Jeder verbringt seinen Urlaub auf seine Weise. Manche ziehen mit nur einem Rucksack quer durchs Reiseland, während andere sich mit drei vollen Koffern im Gepäck drei Wochen lang in einem Sechs-Sterne-Luxusresort verschanzen. Ganz egal, wie du deinen Urlaub verbringst, das Nichtstun sollte nicht zu

kurz kommen, erst recht nicht in einem anderen Land, in dem eine andere Kultur, anderes Essen, andere Architektur und Bücher deine Aufmerksamkeit fesseln. Aber auch wenn du zu Hause bleibst und ab und an einen Ausflug machst, ist es herrlich, wenn du mal rein gar nichts machst. Aber wie geht das?

Ein häufiger Fehler im Urlaub ist es, die Zeit an Orten zu verbringen, die schön sind. Idyllische Strände, endlose Weiten, einzigartige Naturphänomene, das Schönste, das unsere Welt zu bieten hat. Gute Beispiele sind das Polarlicht, eine eigene Villa an einem einsamen, weißen Sandstrand, die Salzebenen von Bolivien oder das schöne Landesinnere von Vietnam. Alles grandiose Reiseziele, aber wie groß ist der Druck, all das Schöne vor Ort tatsächlich sehen und in vollen Zügen genießen zu können? Die Versuchung ist groß, einen solchen Urlaub mit Aktivitäten vollzupacken, denn du willst ja nichts verpassen. Du bist schließlich nur einmal im Leben hier und willst das Beste daraus machen. Du willst nicht nach einer Vollmondparty halb besoffen durch die Brandung zu einer nahegelegenen Insel stapfen müssen, während du nur an deine Hängematte denkst und daran, wie du diesen Brummschädel wieder loswirst. Das lässt sich bei der Buchung des Urlaubs bereits berücksichtigen. Wer zum Beispiel eine Woche Urlaub in New York City plant, muss sich fragen, ob es wirklich Spaß macht, die ganzen Highlights abzuklappern. Man hört schließlich selten: »Die Schlange am Empire State Building war so toll.« Oder: »Wie ich den Times Square genossen habe. So schön hektisch und voll.«

Solche Orte sind Touristenhotspots, die Einheimische tunlichst meiden. Touristen sehen sich eine Stadt mit einem Reiseführer in der Hand an, in dem die sogenannten Highlights beschrieben werden. Oder wie der niederländische Bestsellerautor Godfried Bomans einst in einem Interview einen Touristen beschrieb, der die London Bridge besuchte: »Er kann die Brücke nicht unvoreingenommen betrachten, da er nachsieht, ob die Beschreibung in seinem Büchlein richtig ist. Wissen Sie, wer sie wirklich sieht? Nur der Mann, der in London lebt und ein Pfund Wurst auf der anderen Seite kauft, weil es dort billiger ist. Er überquert diese Brücke, benutzt sie und sieht sie im Vorbeigehen. Als Nebenprodukt. Als Zugabe. Das ist das wahre Betrachten.«

So gesehen müsstest du also doch die thailändische Insel völlig verkatert verlassen, da du dann in erster Linie damit beschäftigt bist, deine Kopfschmerzen loszuwerden und die Schönheit der Insel nur als Nebenprodukt wahrnimmst. Du nutzt die Insel funktional und bist nicht nur da, um alles in dich aufzusaugen. Wer also seinen Urlaub so ausrichtet, dass er den Urlaubsort als neue Umgebung wahrnimmt, an dem man zeitweise lebt und an dem man tun kann, was man will, ist richtig entspannt.

So wie die ehemalige niederländische Königin Beatrix es seit jeher betreibt: jedes Jahr im Winter zum Skifahren nach Lech und im Sommer nach Italien. Die Klatschpresse hat schon oft darüber berichtet, und natürlich stimmt davon nichts, aber das Bild, das sich daraus ergibt, ist das von der damaligen Prinzessin Beatrix, die mit ihren Hunden an ihrer Seite die Zeit unter der toskanischen Sonne mit Bildhauen verbringt. Und weil sie die Toskana schon seit den 1970er-Jahren besucht, muss sie sich dort keine Kirchen oder andere Sehenswürdigkeiten ansehen. Nun hat nicht jeder das Glück, ein schönes Haus von einem reichen Grafen geschenkt zu bekommen oder dafür einfach bezahlen zu können, aber das Konzept ist denkbar einfach: Wer wenig Druck verspürt, die ganze Zeit mit dem Reiseführer in der Hand auf Entdeckungstour zu gehen, kann sich besser entspannen.

Jeder verbringt seinen Urlaub auf seine Weise. Manche ziehen mit nur einem Rucksack quer durchs Reiseland, während sich andere mit drei vollen Koffern im Gepäck drei Wochen lang in einem Sechs-Sterne-Luxusresort verschanzen.

PRAKTISCHE TIPPS

Woher nimmt man sich die Zeit?

Dein Kind quengelt ständig, in der Arbeit rennst du von Meeting zu Brainstorming, weißt nicht mehr, wo dir der Kopf steht, und dann sollst du zu Hause auch noch Essen kochen, das Meerschweinchen zur Therapie bringen und zwischendurch ins Fitnessstudio gehen, um die überschüssigen Kilos loszuwerden, gegen die du dieses Jahr wirklich etwas unternehmen willst. Zeitdruck ist des Nichtstuns größtes Hindernis. Immer öfter folgt auf die Erkundigung nach dem werten Wohlbefinden die Frage, ob man viel um die Ohren habe, und manchmal ersetzt sie Erstere sogar. Die ganze Welt hat viel um die Ohren, also wirst du wohl auch viel um die Ohren haben.

Die Zeit zum Nichtstun entsteht im Kopf. Dort musst du den berühmten Schalter umlegen, und zwar bevor dir die Sicherung durchbrennt. Was mit diesen Begriffen aus der Elektrotechnik so scheinbar harmlos dargestellt wird, ist in Wahrheit die letzte Stufe vor dem Burn-out. Spätestens dann wird es Zeit, zu handeln und eine radikale Kehrtwende einzuleiten.

• Stoppe das Romantisieren deiner vollen Agenda

Früher bekamen Erwachsene nie die Frage gestellt, ob sie viel um die Ohren hätten. Und Kinder schon gar nicht. Heutzutage ist es aber gar nicht mehr so verrückt, einen Neunjährigen zu fragen, ob er das alles noch packe. Immer öfter treffen Überarbeitung und Burn-out auch jüngere Menschen. Laut dem niederländischen Jugendinstitut waren 2019 bereits 4 bis 8 Prozent der Kinder im Alter von acht bis zwölf Jahren von Angst- und Affektstörungen betroffen.

Wer seinen Terminkalender nicht total vollstopft, hat Zeit und Raum zum Nichtstun. Deshalb solltest du dich vor einer Terminvereinbarung immer fragen, ob du auf diesen Termin verzichten könntest. Lautet die Antwort Ja, lass es! Verzichten solltest du auch auf Verabredungen mit dummen Menschen und auf das systematische Überstundenmachen.

Der Terminkalender diktiert unser Leben. Es gibt sogar Menschen, die

TIPP!

Überfrachte deinen Terminkalender nicht zu sehr. Versuche, wenigstens einen Tag freizuhalten, oder zumindest einen halben Tag. Erledige deine Einkäufe und Treffen am Vormittag, bis spätestens 13 Uhr. Danach solltest du an diesem Tag keine Verpflichtungen mehr haben.

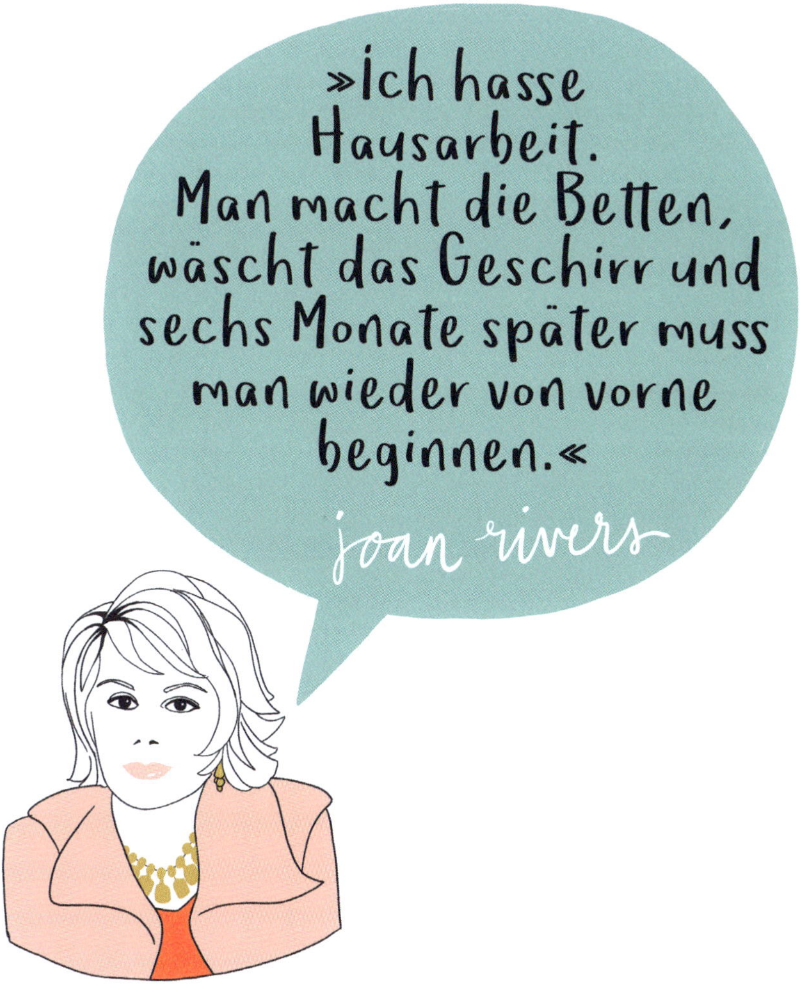
»Ich hasse Hausarbeit. Man macht die Betten, wäscht das Geschirr und sechs Monate später muss man wieder von vorne beginnen.«
joan rivers

ihre hedonistischen Eskapaden planen. Und viele Berufstätige lassen freitags und samstags die Sau raus, damit sie den Montag im Büro wieder überstehen können.

• Klein anfangen

Ein Mensch braucht sehr lange, bis er laufen kann, über ein Jahr. So ein Baby sieht seine Mitmenschen den ganzen Tag herumrennen, ist aber selbst mit anderen Entwicklungsprozessen beschäftigt. Zunächst muss es sich an den Gedanken gewöhnen, dass es offensichtlich nicht den Rest seines Lebens getragen werden kann. Dann macht es vorsichtig seine ersten Schritte und lernt, auf eigenen Beinen zu stehen. Im ersten Jahr läuft ein Kind wie ein Betrunkener, und wenn es keine Lust hat oder müde ist, wird es wieder getragen.

Es dauert eine Weile, aber aus dem Nichtstun können wir eine Fähigkeit machen, die sich in unserem Körper festsetzt und die wir, wie das Gehen, nie wieder verlieren. Ein paar Mal in der Woche völlig ohne Reize zu sein, ist etwas, das du am Anfang nicht erwarten solltest. Das braucht Zeit. Mit den Worten von Johan Cruyff: »Man sieht es erst, wenn man es verstanden hat.« Beginne also täglich mit einem kurzen Augenblick: Setze dich einfach hin und überlege dir nicht sofort 15 Aufgaben. Schau dir lieber deine Umgebung an. Und wenn es mal nicht klappt, ist das nicht schlimm. Es muss nicht sofort gelingen. Scheitern ist erlaubt, und morgen ist ein neuer Tag. Versuche, diese Niksen-Augenblicke immer weiter auszudehnen.

Du musst auch nicht sofort eine einzige Form für das Niksen finden. Manche Menschen kritzeln gedankenlos vor sich hin, andere starren einfach aus dem Fenster. Die gute Nachricht ist: Solange es bedeutungslos ist, ist es Niksen!

• Spüre deine Muskeln

Niksen geht noch besser, wenn es dir gelingt, dein Gedankenkarussell zu verlangsamen. Es zu stoppen ist schwierig, aber es zu bremsen ist möglich. Wer schon mal Yoga gemacht hat, weiß, dass die Endentspannung dazu dient, den gerade trainierten Körper zu würdigen. Manchmal bittet der Yogalehrer die Schüler, die ganze Spannung Muskel für Muskel aus dem Körper fließen zu lassen. Ein guter Yogalehrer macht daraus Türchen, die ihre Schüler öffnen können, sodass die ganze Anspannung wie Luft aus einem Ballon entweichen kann.

Wenn es dir nicht gelingt, deine Gedanken abzuschalten, dann versuche, ins Hier und Jetzt zu kommen, indem du deine Muskeln einzeln anspannst und anschließend entspannst.

• Hör auf dein Gefühl

Wer die Signale seines Körpers nicht versteht, sollte auf seine Gefühle hören. Was hast du da im Bauch – einen Knödel aufgestauter Emotionen? Ist es Wut oder ein anderes Gefühl? Und wie genau fühlt es sich an, wo fängt es an und wo hört es auf? Versuche nicht, das Gefühl in Worte zu fassen, und erst recht nicht, dessen Ursachen zu erforschen. Wer sich lange genug konzentriert, merkt, dass es andere Formen annimmt – und mit ein wenig Glück auch nachlässt.

2

NIKSEN und dein Körper

- **Was ein schnelles Leben mit dir macht**
- **Wie Stress sich auf dein Herz auswirkt**
- **Du kannst dich auch zu Tode langweilen**
- **Wie du aus dem Hamsterrad aussteigst**

Niksen setzt einen Körper voraus, der dazu in der Lage ist, nichts zu tun. Außerdem musst du den Kopf frei haben. Nichtstun ist harte Arbeit, wie Oscar Wilde bereits erkannte. Ist dein Körper überhaupt dazu fähig, den Müßiggang zu genießen? Die Antwort auf diese Frage liegt hauptsächlich in deinem Kopf. Denn innere Blockaden wie die Vorstellung darüber, wie du leben möchtest, und verschiedene Ängste, die es zu überwinden gilt, führen zu Stress und Burnout. In diesem Kapitel betrachten wir den Zustand des Landes, in dem wir Leben im Verhältnis zu unserem Körper.

STRESS

Wir fangen ganz oben an: beim Kopf. Viele Menschen denken, dass sie sich das Nichtstun »verdienen« müssten. Dass sie erst mit den Füßen im Dreck gestanden haben müssen, ehe sie sich zufrieden zurücklehnen können. Wer direkt vom Bett zum Sofa schlurft, wird sich damit nicht sehr wohlfühlen. Das Gefühl, dass das erlaubt ist, muss sich erst einstellen – und da kommen Körper und Kopf ins Spiel. Denn es gibt niemanden, der darüber Buch führt, zumindest nicht auf der Erde.

Seit jeher beschäftigen sich die Menschen auch mit der Frage: »Arbeite ich womöglich zu viel? Könnte man ohne harte Arbeit überhaupt leben? Und warum arbeite ich so viel, zu unmöglichen Zeiten und unter erbärmlichen Bedingungen?« Warum können wir nicht einfach irgendwo im Paradies mit Kuchen abhängen und nichts tun, anstatt acht Stunden am Tag mit Kollegen zu verbringen, die sich nicht mal mit dem Drucker auskennen? Und trotz der Erfindung immer effizienterer Geräte scheint die Arbeitslast weiter zu wachsen. Man sollte meinen, diese Maschinen würden uns erlauben, uns zurückzulehnen und zu entspannen, aber die Zahl der Menschen mit psychischen Problemen und Burn-out wächst.

Was passiert in unserem Kopf, wenn wir uns weitestgehend von den Reizen um uns herum lösen? Das lässt sich mit der Elektroenzephalografie, kurz EEG, messen, die der Psychiater und Neurologe Hans Berger in den 1920er-Jahren erfunden hat. Damals gelang ihm mithilfe seiner Erfindung die bahnbrechende Entdeckung, dass das menschliche Gehirn kontinuierlich aktiv ist. Sogar wenn wir schlafen oder nichts tun, ist es aktiv, verbraucht nur 5 Prozent weniger Energie. Unser Gehirn ist also immer eingeschaltet, und das kann gehörig nerven. Daher zählt Stress zu den großen Feinden des Müßiggangs. Es ist ein Sammelbegriff, wie auch »Depression«, der einer gewissen Erläuterung bedarf. Über die Geschichte von Stress publizierte der Psychiater Witte Hoogendijk zusammen mit der Journalistin Wilma de Rek das Buch: *Van big bang tot burn-out: het grote verhaal over stress* – auf Deutsch etwa *Vom Urknall zum Burn-out: die große Geschichte des Stresses.*

Stress lässt sich nicht immer auf einen Mangel an Entspannung zurückführen, und er ist auch nicht per se negativ. Zig Tassen Kaffee am Tag können gefühlt den gleichen Stress auslösen wie die Arbeit. Allerdings können Stressauslöser auch komplett imaginär sein. Die Vorstellung, was bei einer Präsentation schiefgehen könnte, kann uns verrückt machen, obwohl sie genauso gut völlig problemlos über die Bühne gehen kann. Der Mensch leidet oft am meisten dadurch, dass er das Leiden fürchtet.

IN IHREM BUCH SKIZZIEREN HOOGENDIJK UND DE REK VIER ARTEN VON STRESSOREN

• 1 Konkret und akut: ein Löwe, der drauf und dran ist, dich zu zerfleischen.

• 2 Konkret und chronisch: die Erde, die zu explodieren droht.

• 3 Abstrakt und akut: ein plötzlicher unangenehmer Gedanke (zum Beispiel: »Vielleicht brennt mein Haus, weil eine Serviette auf dem eingeschalteten Toaster gelandet ist. Hatte ich das Gerät auch wirklich ausgeschaltet? Bin ich ausreichend versichert?«).

• 4 Abstrakt und chronisch: das permanente Gefühl, immer und ewig zu versagen.

Die vierte Art ist der größte Übeltäter, nicht nur, weil man sich damit komplett verrückt machen kann, sondern weil er sich schwer abschalten lässt. Die Autoren erklären darüber hinaus, dass die Anzahl der Stressoren der vierten Kategorie im letzten Jahrhundert explosionsartig zugenommen hat. Der Mensch hat Millionen von Jahren benötigt, um sich zu dem Homo sapiens zu entwickeln, der er heute ist. Es hat so lange gedauert, weil dazwischen Jahrmillionen lagen, in denen er sich gar nicht weiterentwickelt hat. Erst ab der industriellen Revolution (um 1760) beschleunigte sich die Entwicklung plötzlich extrem. Doch seit 500 Millionen Jahren vor Christus hat unser Körper keine neue Stressreaktion mehr entwickelt, da diese damals – zumindest physisch betrachtet – so gut wie abgeschlossen war. Heute bleibt uns nur, unser Verhalten zu ändern, indem wir die Vorteile des technologischen Fortschritts nutzen, auf unseren Körper hören und raus in die Natur gehen. Mit anderen Worten: das Poldermodell (niederländische Organisation, die die Arbeitsbedingungen und Löhne aushandelt).

BURN-OUT

Viel Stress kann zu Burn-out-Symptomen oder sogar zum Burn-out führen. Die Zahl der Menschen mit einem Burn-out ist explosionsartig angestiegen; viele leiden an Überarbeitung oder Überlastung oder sind vor ihrem 30. Lebensjahr bereits zweimal umgekippt. In einer Studie zum Arbeitsklima in niederländischen Betrieben zeigte das niederländische Forschungsinstitut TNO, dass die Zahl der Menschen mit Burn-out-Beschwerden in nur zehn Jahren von 11 auf 16 Prozent angestiegen ist und offenbar weiterhin ansteigt. Dabei sinkt das Alter der Betroffenen zusehends, wie das niederländische Jugendinstitut in einer Studie feststellte, denn bereits 4 bis 8 Prozent der Kinder bis zwölf Jahren kämpfen mit Angst- und Stimmungsstörungen. Und in der Altersgruppe ab 13 Jahren haben sogar 10 Prozent Angststörungen. Setzt sich diese Entwicklung in diesem Tempo fort, werden wir wohl bald alle betroffen sein.

Identifiziert wurde das Phänomen Burn-out erstmals in den 1970er-Jahren, als der Forscher Herbert Freudenberger Pflegekräfte eines Suchtzentrums untersuchte und feststellte, dass sie Anzeichen einer Depression zeigten, weil sie sich machtlos fühlten. Anfänglich wurde Burn-out vor allem bei Menschen in Pflege- und Erziehungsberufen diagnostiziert, aber heute ist es allgegenwärtig. Inzwischen hat die Weltgesundheitsorganisation Burn-out als offizielle Krankheit anerkannt.

Wir sind alle unterschiedlich, leben unterschiedlich und erfahren Probleme unterschiedlich. Eine Patentlösung für stressbedingte Probleme gibt es daher nicht.

Die Reaktionen auf solche Studienergebnisse fallen recht unterschiedlich aus. Die Reaktionen reichen von »Alles nur halb so wild« bis hin zu Schlagzeilen wie: »Burn-out-Epidemie kostet Gesellschaft Milliarden«. Was ist richtig? Und wem sollen wir glauben? Dem Lager, das sagt: „Stress gab es schon immer“? Oder dem Lager, das behauptet, Stress sei unser Untergang? Wie so oft liegt die Wahrheit irgendwo dazwischen. Der Psychiater Christiaan Vinkers erforscht das Phänomen Stress und reagierte nüchtern auf die TNO-Studie. Er räumt ein, dass viele Menschen nur schwer eine Balance zwischen ihrer Arbeit und dem Leben außerhalb der Arbeit finden, was oftmals zu Fehlzeiten führt. Dennoch ist er der Meinung, dass Burn-out noch genauer erforscht werden muss. Er glaubt nicht, dass die Menschen heute gestresster sind als unsere Vorfahren vor etwa 100 Jahren, und betont, dass kurzfristiger Stress auch wichtig ist, weil er uns aktiver, intelligenter und effizienter macht.

Das Burn-out-Phänomen hat eine millionenschwere Selbsthilfeindustrie hervorgebracht, aber simple Lebensweisheiten wie einfach mal mehr niksen, bringen nichts, so Vinkers. »Solche Tipps mögen zwar gut gemeint sein, sind aber völlig nutzlos: Man sagt einem traumatisierten Soldaten doch auch nicht, dass er sich gesund ernähren soll, oder einer alleinerziehenden Mutter in einem Problemviertel, dass sie sich ein Hobby suchen soll«, schrieb er zusammen mit dem Philosophen Jeroen de Ridder in der niederländische Tageszeitung *Het Parool*. Wir sind alle unterschiedlich, leben unterschiedlich und erfahren Probleme unterschiedlich. Eine Patentlösung für stressbedingte Probleme gibt es daher nicht.

Wer dieses Buch jetzt am liebsten in die Ecke pfeffern würde, sollte wissen, dass es Hoffnung gibt. Sport kann helfen und eine andere Denkweise ebenfalls: »Wir sollten unser Heil besser in gesundem Zweifel anstatt in Scheinsicherheiten leerer und oberflächlicher Lebenslektionen suchen«, so Vinkers und de Ridder. Schon vor Jahrzehnten schrieb der bekannte niederländische Psychiater Henricus Cornelis Rümke (1893–1967), dass Zweifel den Menschen zu maximaler Entfaltung führen können. Das bedeute aber nicht, so Rümke, dass man ständig zweifle, sondern erkenne, dass die Wirklichkeit komplex sei und es Raum gebe, eigene Wege im Leben zu gehen. Das ist nicht defätistisch, denn letztlich gibt es immer Wege, die eigene Situation zu ändern.

»Ich hasse niksen. Ich kann es erst, wenn ich es verdient habe, und das bedeutet, dass ihm eine Menge Arbeit vorangegangen sein muss.«
hans dorrestijn

»Es ist oft das typische Beispiel einer Kettenreaktion: Menschen brechen zusammen, weil sie die Arbeit von anderen miterledigen müssen, und erhöhen somit den Druck auf ihre Kollegen.«

Stress und Burn-out-Symptome sind eine große Gefahr für den Müßiggang. Wer ausgebrannt ist, lehnt sich nicht einfach zurück, da viel zu viel in dessen Kopf vorgeht. Der Psychologe Thijs Launspach hat sich auf die Behandlung von Stress und Burn-out spezialisiert und ist der Autor des Buchs *Fokking druk* – auf Deutsch in etwa *Fucking viel um die Ohren.* Er hält Seminare und Vorträge und sieht, dass Unternehmen zunehmend präventive Maßnahmen gegen zu hohen Arbeitsdruck ergreifen. »Es ist oft das typische Beispiel einer Kettenreaktion: Menschen brechen zusammen, weil sie die Arbeit von anderen miterledigen müssen, und erhöhen somit den Druck auf ihre Kollegen. Wenn Mitarbeiter ein hohes Pflichtbewusstsein haben, gewissenhaft und perfektionistisch sind, kann immer etwas schiefgehen. Je mehr Leute fehlen, umso größer der Druck auf die Kollegen – eine tückische Falle.«

Launspach unterstützt Unternehmen und Mitarbeiter beim Umgang mit arbeitsbedingtem Stress. Oft bestehe der Anfang darin, Grundwissen über das Phänomen Stress zu vermitteln, so der Psychologe. »Ein bisschen Stress ist gar nicht schlecht, im Gegenteil, wir brauchen ihn, denn er macht uns leistungsfähiger.« Aber ein dynamisches und aktives Arbeitsleben und zu viel Stress sind zwei verschiedene Dinge. Letzteres ist nicht gut für uns Menschen. Richtig mit Stress umgehen heißt für mich, die eigenen Stresssignale zu kennen, also zu wissen, worauf man achten muss. Obwohl dies bei jedem Menschen anders ist, gibt es ein paar häufige Stresssignale: Kopfschmerzen, Nacken- oder Muskelverspannungen, Gereiztheit oder ein nachlassendes

Gedächtnis. Alles Dinge, die man selbst im Blick behalten kann und die man, falls sie doch eintreten, abstellen kann, indem man einen Gang runterschaltet. Wichtig ist auch, sich gut um seinen Körper zu kümmern. Dazu zählen guter Schlaf, gesundes Essen, viel Bewegung, ab und an Niksen oder das Gehirn eine Weile anders einsetzen, die Zahl der Reize reduzieren, das Telefon mal ausschalten, Spaziergänge in der Natur, Spiele spielen. Alles Dinge, die man außer Acht lasse, sobald man zu viel Stress habe, so Launspach.

»Ein bisschen Stress ist gar nicht schlecht, im Gegenteil, wir brauchen ihn, denn er macht uns leistungsfähiger.«

Zudem drängt er auf einen gesellschaftlichen Wandel. In seinem Buch äußert Launspach die Hoffnung, dass die Niederlande bis 2030 ein Burn-out-freies Land sind. »Wir müssen uns von dem Tabu befreien, das Stress und Burn-out immer noch umgibt. Wir sollten aufzuhören, Menschen, die Stress erfahren, als schwach anzusehen. Stattdessen sollten wir sie als vernünftig betrachten, weil sie einfach nur auf ihren Körper hören. Dazu gehört auch, dass Unternehmen erkennen, wie wichtig es für Teams ist, gutes Verhalten zu fördern, auch untereinander, dass Kollegen sich untereinander etwas anvertrauen, Überstunden begrenzt werden und Mitarbeiter ihr Mittagessen nicht vor ihrem Laptop genießen. All diese Dinge helfen. Und Führungskräfte müssen in der Lage sein, Anzeichen von Burn-out zu erkennen: Anders als ihre Kollegen erkennen gestresste Menschen Anzeichen von Burn-out selbst nur selten. Da wünscht man sich eine Vertrauensperson oder einen Coach oder einen ›Chief Happiness Officer‹, der frühzeitig eingreifen kann.«

Es geht also darum, sich selbst gut zu kennen. Auch Launspach ist sich bewusst, dass die etwas vage Definition des Begriffs Burn-out keine große Hilfe ist. »Meiner Meinung nach hat jemand erst einen Burn-out, wenn er aufgrund von Stress zu Hause bleiben muss.«

BORE-OUT

Wenn Niksen in Grübeln oder Zeitunglesen ausartet, dann kann am Ende auch etwas Schlimmeres folgen: ein Bore-out. Das ist die Kehrseite der Medaille. Dort, wo es viele überarbeitete Menschen gibt, sind auch unterforderte Menschen. Sie haben zu wenig zu tun und langweilen sich buchstäblich zu Tode. Bore-out ist ein relativ neues Phänomen, das bislang kaum erforscht wurde. Es tritt auch ein, wenn wir unter unserem Niveau und vielleicht auch zu wenig arbeiten. Wir haben alle anderen Aufgaben erledigt und sonst nichts mehr zu tun. Wir haben dann das angenehme Stadium der Langeweile längst hinter uns gelassen und büßen langsam, aber sicher, an Lebensfreude ein. Oder wir gehen vergeblich auf Jobsuche. Es gab bereits mehrere Vorstellungsgespräche, wir zwingen uns dazu, täglich mindestens ein Bewerbungsschreiben zu verfassen, doch selbst das kostet zu viel Mühe.

Während Menschen mit einem Burn-out Reize tunlichst meiden sollten, sind diese für Menschen mit einem Bore-out gerade wichtig. Denn Letztere sind gestresst, weil sie so wenig zu tun haben. Und wer geht schon mit einem Bore-out hausieren? Man will ja schließlich nicht wie ein Stümper dastehen – oder als der Idiot in der Klasse, der den Mathelehrer kurz vor Ende der Stunde darauf hinweist, dass er ja noch gar keine Hausaufgaben aufgegeben hat.

Und wer geht schon mit einem Bore-out hausieren? Man will ja schließlich nicht wie ein Stümper dastehen.

ENERGIE

Der Müßiggang erfordert nicht viel Energie. Wer allerdings voller Adrenalin ist, weil er gerade einen Boxkampf oder eine Sportmedaille gewonnen hat, wird das Bedürfnis haben, sich weiter zu bewegen. Er ist glücklich und aktiv, der Müßiggang muss jetzt warten. Das ist aber kein Problem, denn die nächste Gelegenheit kommt bestimmt.

Ein Buch über Faulheit und Lebensenergie, das in der medizinischen Welt kaum Beachtung fand, ist *Vom Glück der Faulheit* des Arztes Peter Axt und seiner Tochter Michaela Axt-Gadermann. Darin schreiben sie, dass jeder Mensch eine bestimmte Menge an Lebensenergie hat, die nicht auf einmal verbraucht werden sollte. Ihre Vorschläge: sich nicht zu sehr anstrengen (Sport ja, aber nicht zu viel), viel schlafen und warm bleiben. Es ist ein wunderbares Buch für Menschen, die das Leben möglichst langsam angehen wollen und dazu Argumente gegenüber ihren (nicht sehr kritischen) Freunden benötigen. Als Beispiel führen die Autoren an, dass Tiere in Gefangenschaft in der Regel länger leben als jene, die ihre Nahrung in freier Wildbahn suchen müssen, und dass der griechische Bote Pheidippides – der Mann, nach dem der Marathon benannt ist – nach seinem Lauf von Athen nach Marathon verstarb. Wer also regelmäßig trainiert, lebt vielleicht länger, aber diese gewonnene Zeitspanne entspricht genau der investierten Trainingszeit. Man kann also darauf verzichten und sich nur minimal anstrengen. Es klingt zu schön, um wahr zu sein – und das ist es im Grunde auch.

Als Beispiel führen die Autoren an, dass Tiere in Gefangenschaft in der Regel länger leben als jene, die ihre Nahrung in freier Wildbahn suchen müssen.

SITZEN

Wir arbeiten zu viel und gleichzeitig sitzen wir auch zu viel. In seinem Buch *Lass dein Hirn nicht sitzen* ruft der Neuropsychologe Erik Scherder uns zu mehr Bewegung auf. Er sagt genau das, was faule Menschen nicht gerne hören: Wir sitzen zu viel, und Sitzen ist das neue Rauchen. Scherder bringt es auf den Punkt und stellt fest, dass Bewegungsmangel die weltweit viertgrößte Todesursache ist. Vor drei Jahren erfüllten 17 Prozent der Weltbevölkerung nicht die Empfehlungen für ein Minimum an körperlicher Bewegung, heute sind es 31 Prozent. Fast eine Verdopplung. Die Welt sitzt.

Niederländer sitzen relativ viel: durchschnittlich 6,5 Stunden täglich. Viele Menschen haben sitzende Berufe und verbringen auch sitzend viel Zeit am Telefon oder Tablet. Scherder nutzt ein sogenanntes Deskbike, das es ihm erlaubt, sich beim Schreiben ein wenig mehr zu bewegen. Bewegungsmangel sei die Ursache vieler Probleme, weshalb wir uns schnellstens von der Entschleunigungsidee verabschieden sollten, so Scherder. Stattdessen sollten wir Spaziergänge machen, rausgehen, dem Gehirn neue Impulse geben. Dies kollidiert ein wenig mit der Kunst des Nichtstuns, bei der wir apathisch auf einer Bank herumlungern, das Elend dieser Welt gelassen an uns abprallen lassen und unterdessen noch ein paar Steaks auf den Grill werfen. Was nicht bedeutet, dass sich Scherders Konzept und das Ideal des Nichtstuns widersprechen. Er plädiert für mehr Bewegung zwischen den Phasen, in denen wir sitzen, nicht gegen das Sitzen an sich. Genauso wie wir nicht dafür plädieren, immer zu niksen. Das wäre zu extrem.

> Vor drei Jahren erfüllten 17 Prozent der Weltbevölkerung nicht die Empfehlungen für ein Minimum an Körperlicher Bewegung, heute sind es 31 Prozent.
>
> (Erik Scherder, *Laat je hersenen niet zitten*)

DAS HERZ

Vom Kopf über die Lebensenergie kommen wir jetzt zum Herzen. Ein wenig Stress schadet nicht, das weiß das Herz. Es ist die Art von Stress, die uns Menschen am Leben hält und *Eustress* genannt wird. Er sagt: »Hey, pass auf! Eine Riesenmöwe will dein Eis stehlen!« Oder: »Achtung! Der SUV fährt schneller, als du denkst!« Dieser Stress löst eine sofortige Reaktion aus und schützt dein Eis vor der diebischen Möwe und dich höchstpersönlich vor dem Zusammenstoß mit einem SUV. Toll, danke, Körper! Ungesund wird es aber, wenn sich dein Körper von diesem Stress nicht erholen kann, du einen Antistressball nach dem anderen zerdrückst und Momente der Ruhe ausbleiben.

Im Internet gibt es Websites, auf denen man sein Herzalter berechnen lassen kann. Stress ist an sich schon kein Fest für den Körper, aber noch schlimmer ist die Tatsache, dass wir in stressigen Zeiten auch weniger auf uns selbst achten. Wir sind vor allem mit unserem Kopf beschäftigt, der Körper wird zusehends vernachlässigt. Die Folgen: weniger Sport, viele Fertigpizzen und frittiertes Essen, oder wir essen gar nichts. Vielleicht fangen wir auch an, mehr zu trinken oder zu rauchen, um Stress abzubauen. Und so steigt die Wahrscheinlichkeit, dass unser Herzalter höher ist als unser tatsächliches Alter. Es kann zu Herzrasen kommen: Das Herz fängt an zu pochen, und man glaubt, es könnte aus dem Körper austreten und sich einer Metalband anschließen, als blutendes Herz im Logo.

Den eigenen Stresspegel einzuschätzen ist nicht immer einfach. Wenn zum Beispiel eine Klasse Hausaufgaben bekommt, werden einige Schüler höchstens ein paar Stunden damit verbringen, sie zu erledigen – vielleicht auch, weil sie sich nebenbei einen verrückten Film ansehen – andere vielleicht einen ganzen Tag. Das hängt nicht nur von der Intelligenz des Schülers ab, sondern auch von der Persönlichkeit. Bei einem sehr intelligenten Schüler, der sich beispielsweise mit Versagensangst plagt, können die Hausaufgaben leicht zu Panikattacken führen. Und den Schüler, der gerade tief in der Pubertät steckt, werden die Hausaufgaben womöglich weniger beschäftigen als die Frage: »Wird meine Mutter die versteckten Zigaretten in meinem Nachttisch entdecken?«

Und wer als Erwachsener von Kollegen umgeben ist, denen vor lauter Stress die Haare ausfallen, hat vielleicht das Gefühl, er müsse auch etwas von deren Panik spüren. Er fängt an zu grübeln, und schon macht sein Gehirn aus jeder Situation eine Notlage, aus der er nicht mehr herauskommt. So kann ein Streit in einen Krieg ausarten, den er nicht gewinnen kann, und ein kleiner Rückschlag in ein verheerendes Fiasko.

Ein wenig Stress schadet nicht, das weiß das Herz. Es ist die Art von Stress, die uns Menschen am Leben hält.

DIE FRAU UND IHR HERZ

Die Kardiologin Angela Maas schrieb das Buch *Das weibliche Herz* und gründete den gleichnamigen Forschungsfonds. Frauenherzen wurden lange Zeit vernachlässigt, weil sich die Forschung hauptsächlich auf das Männerherz konzentrierte. In den 1970er-Jahren wurde sogar erforscht, ob »Frauen eine Mitschuld trugen an den Herzinfarkten ihrer Ehemänner« (Angela Maas, *Das weibliche Herz*). Das hat sich inzwischen geändert, nicht zuletzt dank Wissenschaftlerinnen wie Maas. 2003 war sie die erste Ärztin, die eine reine Frauensprechstunde hielt, und heute wissen wir, dass Herz-Kreislauf-Erkrankungen bei Frauen und Männern eine unterschiedliche Ausprägung haben.

Die Auswirkungen des modernen Lebens – viel Stress, wenig Ruhe, ein Übermaß an Informationen und Verantwortung – spiegeln sich in den Herzproblemen von Männern wie Frauen wider. »Unsere Lebensweise führt zu Herzbeschwerden unterschiedlichster Ausprägung. So gibt es inzwischen eine wahre Epidemie von Herzrhythmusstörungen oder Vorhofflimmern«, so Maas. »Was früher eine typische Alterserkrankung war, sehen wir heute auch immer öfter bei jungen Menschen. Bei ihnen aber stehen sie im Zusammenhang mit Bluthochdruck aufgrund von Fettleibigkeit, der ebenfalls stressbedingt sein kann. Und wir sehen zunehmend Herzinfarkte bei Frauen im Alter zwischen 40 und 65 Jahren – allerdings nicht aufgrund verstopfter Arterien, sondern wegen eines plötzlichen Risses in selbigen. Dies ist eine andere Art von Herzinfarkt, von der wir immer dachten, sie sei sehr selten.«

Man hängt Weihnachtsdekoration auf, verziert Kuchen, muss aber auch zur Arbeit fahren und im Stau stehen, weil die Straßen voller geworden sind, und dann wartet abends noch das Fitnessstudio.

In Kooperation mit der Universität von Tilburg erforschte Maas diese Art von Herzinfarkten, spontane Koronararterien-Dissektion genannt, im Zusammenhang mit Stress. Die Studie ist noch nicht veröffentlicht, aber so viel weiß Maas: »Diese Art von Herzinfarkt tritt vor allem bei gut ausgebildeten Frauen auf, die sich gesund ernähren und normalgewichtig sind. Diese Frauen leben sehr gesund, das ist nicht das Problem, aber sie kämpfen tagtäglich mit einem hohen Stresslevel. Der Stress, dem sie ausgesetzt sind, hat sich in den letzten 30 Jahren massiv verändert. Früher waren viele Frauen den ganzen Tag zu Hause. Ihre Tage waren vielleicht langweilig und wurden auch als stressig empfunden, aber sie hatten den ganzen Tag Zeit, ihre häuslichen Aufgaben zu erledigen. Heutzutage gehen viele Frauen einer außerhäuslichen Arbeit nach, und wenn sie Kinder haben, sind sie auch noch oft in der Schule gefordert. Oder anders gesagt: Es kommen neue Aufgaben hinzu. Meine Mutter hat früher nie

etwas für die Schule gemacht, auch wenn sie nie gearbeitet hat. Heute wird von Frauen mehr oder weniger erwartet, dass sie an Weihnachten beim Dekorieren der Klassenzimmer helfen und Kuchen backen. Darüber hinaus stehen sie auf dem Weg in die Arbeit im Stau, weil die Straßen voller geworden sind, und dann wartet abends auch noch das Fitnessstudio.« Das ist viel. Schon beim Lesen all dieser Aufgaben wird einem schwindelig. Hinzu kommt, dass viele Frauen oft auch noch Perfektionistinnen sind. Laut Maas ist das eine fatale Eigenschaft. Männer haben es da leichter, denn sie können Stress viel besser von sich fernhalten. Sie haben zwar auch viel um die Ohren, aber bei ihnen folgt schneller der Punkt, an dem sie sagen: »Jetzt mache ich etwas anderes, morgen ist wieder ein Tag.« Frauen machen oft weiter und grübeln mehr. Grübeln gehört zum Perfektionismus dazu; der Kopf ist ständig voller Dinge, die noch erledigt werden müssen. In dem Fall kann eine To-do-Liste helfen, dann muss man sie nicht alles merken. Wir sollten lernen, Dinge zu parken, so Maas.

Nur leben viele Frauen noch nach dem alten Mantra: »Nicht Klagen, sondern ertragen und um Kraft bitten.«

Was bei Frauen mit einer spontanen Koronararterien-Dissektion auffällt, ist, dass viele von ihnen im vorangegangenen Jahr einen Burn-out hatten oder noch haben, und sich davon nicht richtig erholt haben. Laut Maas entsteht ein Burn-out auch dadurch, dass wir uns zu viele Verpflichtungen zumuten; wir verpassen uns den Burn-out teilweise selbst. Das mag zwar niemand hören, aber es stimmt. Heute passiert vieles zur gleichen Zeit, und wer Schritt halten will, überfordert sich und muss mit einem Herzinfarkt rechnen. Dieser ereignet sich immer in einem Moment der Ruhe, zum Beispiel abends bei einer Tasse Tee.

Erkennen lässt sich dieser Herzinfarkt an einer völlig neuen Art von Erschöpfung. »Man stellt plötzlich fest, dass man die Treppe nicht mehr hochkommt oder man vom Fahrrad absteigen muss, weil nichts mehr geht. Plötzlich gibt es eine Art Einbruch im eigenen Gesundheitszustand. Sobald man das bemerkt, ist bereits etwas Ernstes im Gange. Auch wenn es sich ebenso um eine Blutarmut handeln könnte, sollte man sich in einer solchen Situation schnell in ärztliche Obhut begeben, vor allem wenn sich der Zustand deutlich verschlechtert.«

Maas wünscht sich darüber hinaus, dass Frauen mehr über ihre Beschwerden in den Wechseljahren sprechen würden. Nur leben viele Frauen noch nach dem alten Mantra: »Nicht klagen, sondern ertragen und um Kraft bitten.« Und das, obwohl die Wechseljahre der reinste Horror sein können: Plötzlich hat die Frau während eines Meetings das Gefühl, jemand würde einen Heizstrahler auf sie richtet, sodass sie nicht mehr denken kann und nur noch schwitzt. Sie versucht mit aller Kraft, einen Satz zu formulieren, aber alles, woran sie gerade denken kann, sind Eiswürfel und Eislaufen in einer Winterlandschaft. Eigentlich möchten Frauen in einer solchen Situation sagen können: »Leute, diese Lady zieht sich kurz für eine wohlverdiente Winterpause in die Tiefkühltruhe zurück und kommt erst wieder, wenn ihre Körpertemperatur knapp unter den Siedepunkt liegt.« Stattdessen machen sie weiter, auch wenn der gesamte Hormonhaushalt wie eine Horde Kinder schreit, die sich nach vier Stunden Matheunterricht in der Turnhalle austoben dürfen. Gleiches gilt für Menstruationsbeschwerden. Maas empfiehlt Frauen, öfter Homeoffice zu beantragen.

Eigentlich möchten Frauen in einer solchen Situation sagen können: »Leute, diese Lady zieht sich kurz für eine wohlverdiente Winterpause in die Tiefkühltruhe zurück und kommt erst wieder, wenn ihre Körpertemperatur knapp unter den Siedepunkt liegt.«

Zurück zum Niksen. Viele Menschen bewegen sich zu wenig. Ist das nicht auch ein Problem? Gewiss, so Maas. Denn oft entsteht ein Teufelskreis. Manchmal denkt man bei Frauen über 50: Was ist denn hier passiert? Sie haben in einem Jahr 15 Kilo zugelegt und sind fast an einem Punkt angekommen, an dem es kein Zurück mehr gibt. Doch weil ihre Gelenke, Knie und Hüften schmerzen, bringt der Vorschlag, mehr Sport zu treiben, gar nichts. Denn daran ist gar nicht zu denken. So ergeht es vielen Frauen nach der Menopause. Aber wie kommen sie da wieder raus? Sie gehen zum Hausarzt, der ihnen Antidepressiva verschreibt – wie immer bei Frauen über 50. Das ist überspitzt dargestellt, aber leider ist es eben oft so. Frauen sollten mehr über ihre Beschwerden reden, und die Gesellschaft sollte mehr Verständnis für sie haben, so Maas.

Beklagt euch, Frauen, beklagt euch! Läutet die Alarmglocke, wenn es gesundheitlich nicht mehr geht. Aber übertreibt es nicht, denn das ist keine gute Idee, erst recht nicht beim Niksen. Ehe man sich versieht, muss man 50 Kilo abnehmen, und das ist nicht nur ein schwieriges Unterfangen für Frauen in den Wechseljahren. Zahlreiche Studien belegen, dass Vollzeit-Nichtstun schlecht wäre für Menschen. Denn der Nachteil des Nichtstuns ist, dass man nur wenig Kalorien verbrennt, also sollte man auch nicht so viel essen. Vorzugsweise nur eine Gurke, etwas Salat, vielleicht eine Scheibe Brot. Wer nichts tut und dennoch unkontrolliert Chips und Pommes in sich hineinstopft, wird träge – und das schadet dem Herzen.

IMMER MIT DER RUHE

Unsere Arbeit hat sich in den letzten Jahrzehnten enorm verändert. Vor einem Jahrhundert schufteten wir noch alle im Freien, während heute viele Menschen fast die ganze Zeit vor einem Bildschirm verbringen. Arbeits- und Privatleben sind zunehmend miteinander verwoben, und immer weniger Menschen finden es heute erstrebenswert, 30 Jahre lang im selben Betrieb tätig zu sein. Es ist kein Zufall, dass das Interesse an *Slow Living*, also dem langsamen Leben, wächst: kürzertreten, entschleunigen, den Blick auf das wirklich Wichtige im Leben richten. Back to the basics. Doch auch dieser Trend kommt vielgestaltig daher: Yoga, Holismus, Achtsamkeit, um nur ein paar zu nennen. Du kannst dich fürs Floaten entscheiden, ASMR-Videos gucken, achtsam in deinem Gemüsegarten arbeiten oder dich zum Schweigen ein Wochenende lang in ein abgelegenes Kloster zurückziehen. Alles, um den Kopf freizubekommen und das viel zu hektische Leben wieder meistern zu können.

Gar nichts zu tun zu haben ist schwierig. Wir greifen allzu schnell zum Telefon, legen ein Puzzle, lesen eine Zeitung, und suchen etwas, das wir tun können, denn wir brauchen Ablenkung und Unterhaltung. Die Möglichkeiten dazu sind schier endlos. Allein schon die unzähligen Smartphone-Apps erzeugen einen endlosen Strom von Reizen, die uns jeglichen Durchblick versperren.

Du kannst dich fürs Floaten entscheiden, ASMR-Videos gucken, achtsam in deinem Gemüsegarten arbeiten oder dich zum Schweigen ein Wochenende lang in ein abgelegenes Kloster zurückziehen.

Viele Menschen sind auf der Suche nach einem Weg, sich ein wenig zu entspannen, um sich von all den Reizen abzuschirmen. Eine beliebte Methode ist

Achtsamkeit, die gut zum Slow-Living-Trend passt. Dabei geht es darum, das tägliche Leben so wenig wie möglich auf Autopilot laufen zu lassen. So vermeidet man beispielsweise, dass man an der Kasse steht und nicht mehr weiß, dass man 50 Lebensmittel in den Einkaufswagen gelegt hat. Oder man stopft nicht gedankenlos 15 Kekse in sich hinein, sondern genießt einen oder zwei – mit Betonung auf »genießen«. Bewusster agieren auf ganzer Linie schafft mehr Zeit für das, was im Leben wichtig ist. Dazu gehört auch, herumschwirrende Gedanken zu kanalisieren: Denk also jetzt nicht darüber nach, wie niedlich Akitas als Welpen sind und wie schade es ist, dass sie so viel Aufmerksamkeit brauchen, um dann wieder zum Lesen dieses Buches zurückzukehren. Genauso verkehrt ist der Gedanke: »Ich lese jetzt noch eine halbe Stunde und dann nehme ich den Staubsauger in die Hand.« Nein: Bleib beim Lesen und mach sonst nichts. Lebe im Hier und Jetzt.

Wie verhält sich Achtsamkeit zum Nichtstun?
Wie Kate zu Meghan. Noch Fragen?

Zu den Abendländlern, die die buddhistische Lehre unter dem Nenner »Achtsamkeit« in der westlichen Welt einführten, zählt unter anderem Jon Kabat-Zinn. Der von dem Zen-Meister Seung Sahn ausgebildete Molekularbiologe interessierte sich bereits in den 1960er-Jahren für fernöstliche Denkweisen. Zusammen mit dem vietnamesischen Zen-Buddhisten Thich Nhat Hanh entwickelte er das mehrwöchige Training »Achtsamkeitsbasierte Stressreduktion«, das eine Mischung aus Yoga und Meditation darstellt. Kabat-Zinn sieht seine Ansätze nicht dogmatisch, strenge Regeln gibt es daher nicht. Als er vor einigen Jahren im Interview mit dem niederländischen Magazin *Happinez* danach gefragt wurde, was die wichtigste Lektion sei, die achtsame Menschen lernen könnten, antwortete er: die Entdeckung, dass man die meisten Ereignisse im Leben nicht persönlich nehmen sollte. »Sobald etwas passiert, nehmen wir es persönlich. Erst stellt uns jemand auf ein Podest und wir denken: Siehst du, ich bin großartig! Aber dann weist uns jemand auf unsere Fehler hin und wir denken, dass wir furchtbar seien. Nur: Wir sind weder das eine noch das andere. Wir sind, wer wir sind, und Dinge passieren einfach. Wer sich selbst immer in den Mittelpunkt stellt, wird sich früher oder später unnötig verletzen.«

Achtsamkeit kann wundervoll sein, aber sie erfordert etwas Einsatz.

Wie verhält sich Achtsamkeit zum Nichtstun? Wie Kate zu Meghan. Noch Fragen? Jahrelang ließ Kate die Schlammschlacht vonseiten der britischen Presse über sich ergehen, nun steht sie stolz winkend als die nächste Königin des Vereinigten Königreichs da. Meghan dagegen hielt es nur ein Jahr aus und ging dann ihren eigenen Weg. Achtsamkeit hat ebenfalls ein höheres Ziel: Sie will die Königin deines Lebens werden – es überschaubar machen und dir zeigen, wie du besser mit der verrückten Achterbahn des Lebens umgehst und Dinge nach ihrem wahren Wert beurteilst.

Mit Niksen hat Achtsamkeit erst mal gar nichts zu tun. Niksen ist weder eine Lösung noch eine Art, mit etwas umzugehen. Dafür ist es viel zu klein und viel zu unbedeutend. Und wird es größer als unbedeutend, ist es nicht mehr niksen. Man muss sich keine Zeit für Müßiggang nehmen, außer am Anfang, damit man ihn überhaupt zulässt. Aber irgendwann ist der Müßiggang einfach da, ohne dass man es merkt. Erst wenn man vor Hunger zusammenbricht, kehrt man aus dem Nichtstun zurück und merkt: »Hey, ich war eine Weile nirgendwo. Das war schön!«

HOCHSENSIBEL

Wer mit einem Übermaß an Reizen noch schlechter zurechtkommt als der Durchschnittsmensch, könnte als hochsensibel gelten. Also als jemand, der Reize intensiver verarbeitet als andere. In ihrem Buch, das die klinische Psychologin Elke van Hoof darüber geschrieben hat, sagt sie, dass schätzungsweise 15 Prozent der Niederländer hochsensible Personen seien. Sie beschreibt diese wie folgt: »Das Kernelement von Hochsensibilität ist die Art und Weise, wie eine hochsensible Person die Informationen, die ihr Kopf erhält, verarbeitet. Aufgrund dieser vertieften Verarbeitung von Reizen erleben hochsensible Menschen die Außenwelt grundsätzlich anders und intensiver als andere Menschen. Eine hochsensible Person zeichnet sich durch die besondere Fähigkeit aus, äußere Faktoren wahrzunehmen und tiefgehend zu verarbeiten. Infolgedessen sind sie anfälliger für Überreizung und Emotionalität.«

MEDITATION

Meditation ist ein Bestandteil von Achtsamkeit, ein Weg zur Selbstfindung. Meditation gibt es in unterschiedlichsten Ausprägungen und kann bereits ab einer Minute pro Tag durchgeführt werden. Du musst also nicht wie ein tibetischer Mönch oder Franz von Assisi jahrelang in Einsamkeit in einer Höhle verbringen, denn auch für Meditation gilt: Es gibt weder ein Diplom noch strikte Regeln. Und das Beste ist, dass es keine gute oder schlechte Meditation gibt. Meditieren kannst du alleine und schon wenige Minuten pro Tag können etwas bewirken.

Wir könnten an dieser Stelle Millionen Meditationsfans aufzählen, aber das ist nicht nötig. Viele Religionen kennen Formen der Meditation, Kontemplation oder Besinnung. So zog sich Buddha zum Meditieren zurück, als er sich innerlich leer fühlte. Die Idee hinter der Meditation ist, den eigenen Geist besser kennenzulernen. Wenn du zum Beispiel von jemandem irritiert bist, der etwas Dummes zu dir gesagt hat, und beginnst, nur auf deine Atmung zu achten, bist du bereits mittendrin im Meditieren und wirst ruhiger. Mit anderen Worten: Du hörst auf dein Gefühl, lässt es aber auch wieder los. Dies sind weise Worte des Dalai Lama. Meditation dient nicht dazu, das Nirwana zu erreichen, sondern die täglichen Emotionen zu bewältigen, die sich manchmal quälend schnell abwechseln.

Es gibt weder ein Diplom noch strikte Regeln. Und das Beste ist, dass es keine gute oder schlechte Meditation gibt.

Wer einen Schritt weitergehen will, kann die transzendentale Meditation ausprobieren. Diese Meditationsform wurde von Maharishi Mahesh Yogi erfun-

Katzen liegen fast den lieben langen Tag faul herum. Auch Raubkatzen wie Löwen schlafen die meiste Zeit und können sich beeindruckend oft an einem Tag paaren: 50 Mal, aber dafür sehr kurz. Ihr Vorteil? Sie wohnen draußen und zahlen keine Miete oder Hypothek. Außerdem ist ihre Nahrung kostenlos und unmittelbar vor ihrer »Haustür« in der freien Wildbahn erhältlich. Ihre Hauptaufgaben bestehen darin, nicht zu sterben und sich fortzupflanzen. Was können wir von ihnen lernen? Die meisten Tiere leben von Natur aus im gegenwärtigen Moment. Sie planen nur ein paar Minuten im Voraus, zum Beispiel wenn sie eine Antilope erlegen wollen, aber ansonsten machen sie einfach nur das, worauf sie gerade Lust haben.

den, der durch die Beatles einen weltweiten Ruf erhielt und seine letzten Tage in der niederländischen Provinz Limburg verbrachte. Dort fuhr er manchmal in seinem Cadillac durch den Wald, lebte ansonsten aber sehr zurückgezogen. Ihm ist es gelungen, Meditation zu einem weltweiten Phänomen zu machen. Unter anderem ist auch Regisseur David Lynch ein bekennender Fan der transzendentalen Meditation. Früher habe er eine Menge Wut in sich getragen, erzählte er 2007 in einer Dokumentation des *History Channel*, aber das habe er dank Meditation in den Griff bekommen. Die transzendentale Meditation arbeitet mit Mantras. Die Frage, wie man mit ihnen umgeht, macht den Unterschied aus.

Es gibt zahlreiche Formen der Meditation, wie aus den Beschreibungen und Praxen verschiedener spirituellen Meister und Religionen hervorgeht. Ihre Wurzeln liegen zwar lange zurück, doch sie haben alle eines gemeinsam: die Suche nach innerer Stille und innerem Frieden. Der in Kanada lebende Deutsche Eckhart Tolle, einer der bekanntesten spirituellen Lehrer unserer Zeit, beschreibt Meditation als einfaches

Leben im gegenwärtigen Moment ohne zusätzliche Gedanken. Einfach nur dasitzen und der Katze beim Spielen zusehen oder dem Geräusch des Geschirrspülers oder eines Rasenmähers in der Ferne lauschen. Die Herausforderung besteht darin, die Gedanken nicht abschweifen zu lassen, etwa zu den Kartoffeln, die man noch kochen muss, zu Zukunftsplänen oder zu Problemen aus der Vergangenheit. Klar, solche Gedanken kommen von selbst, entscheidend ist, sie zu ignorieren. Im Hier und Jetzt zu leben. Nicht zufällig lautet der Titel des Buchs, mit dem Tolle berühmt wurde *Die Kraft der Gegenwart.*

Der in Kanada lebende Deutsche Eckhart Tolle, einer der bekanntesten spirituellen Lehrer unserer Zeit, beschreibt Meditation als einfaches Leben im gegenwärtigen Moment ohne zusätzliche Gedanken.

MEDITATION UND DIE WISSENSCHAFT

Nach ersten wissenschaftlichen Erkenntnissen hat Meditation eine positive Wirkung auf uns, gleichwohl die Forschung noch in den Kinderschuhen steckt. Lange Zeit galt die Wirkung von spirituellen Dingen wie Meditation als Forschungsfeld uninteressant, die Wissenschaft fokussierte sich lieber auf die psychologischen Probleme der Menschen, aber das hat sich mittlerweile geändert. Die amerikanischen Wissenschaftler Daniel Goleman und Richard Davidson veröffentlichten 2017 ein Buch über alle Studien zum Thema Meditation mit dem Titel *The Science of Meditation – How to Change your Brain, Mind and Body*. Davidson selbst forschte auch zusammen mit dem französischen buddhistischen Mönch Matthieu Ricard, der ihm half, die im Himalaya lebenden Mönche davon zu überzeugen, sich an seiner Studie zu beteiligen. Davidson unterzog die Geistlichen einem Hirnscan (MRT) und förderte dabei verblüffende Ergebnisse zutage: So stellte er beispielsweise fest, dass die Mönche eine höhere Gamma-Frequenz haben als der durchschnittliche Mensch, sogar im Schlaf, was darauf hindeutet, dass Meditation eine nachhaltige Wirkung hat. Gamma-Frequenz oder Gamma-Wellen lassen auf eine höhere kognitive Leistungsfähigkeit, also die Herstellung von Verbindungen im Gehirn, schließen. Davidson fand zudem heraus, dass das Gehirn durch Meditation weniger schnell altert und Schmerzen anders erlebt. Allerdings handle es sich bei diesen Mönchen um Menschen, die sehr viel meditieren, so die Wissenschaftler. Und sie fügen hinzu, dass vieles noch unerforscht sei.

Wissenschaftler leisten Großartiges, aber die Ergebnisse ihrer Studien sind oft zweideutig, weil so viele Faktoren mit hineinspielen könnten: Machten die Teilnehmer vielleicht gerade zufällig eine strenge Diät? Begannen sie deshalb mit der Meditation, weil sie vielleicht schon von Geburt an eine erhöhte Gamma-Frequenz hatten? Es ist wie mit Rotwein: Die eine Studie besagt, dass ein Glas Rotwein zum Abendessen sehr gesund ist, während zwölf andere das genaue Gegenteil behaupten. Oder wie mit der Bibel.

Meditation ist nichts für labile, vom Leben arg gebeutelte Menschen mit langen Gewändern.

Die Meditationsforschung zeigt, dass sich Meditation positiv auswirkt, weil sie unsere grauen Zellen verändert. Dies ergab eine Studie mit 16 Teilnehmern, die zuvor noch nie meditiert hatten und nun acht Wochen lang täglich 30 Minuten meditierten. Einige Jahre später führte ein Team unter Leitung der Hirnforscherin und begeisterten Meditationsanhängerin Sara Lazar einige Studien an der Harvard-Universität durch, die zeigten, dass Meditation zu mehr grauer Substanz in einigen Bereichen des menschlichen Gehirns führte. Der flämische Neurologe Steven Laureys überwand vor einigen Jahren eine persönliche Krise mit Meditation und war so begeistert davon, dass er beschloss, ihre Wirkung wissenschaftlich zu untermauern. In seinem Buch *Warum Meditation heilt* bezeichnet er Meditation als »Training für das Gehirn«, ähnlich dem, was Sport für den Körper ist. Allerdings räumt er ein, dass die Wirkung von Meditation schwer zu erforschen sei. Man könne buddhistische Mönche, die ihr ganzes Leben lang meditiert haben, untersuchen, aber daraus ließe sich nicht schließen, wie ihre Gehirne ohne lebenslange Meditation ausgesehen hätten. Dennoch bringt Laureys die Botschaft gerne unters Volk. In seinem Buch betont er, dass Meditieren keineswegs schwammig ist. Meditation ist nichts für labile, vom Leben arg gebeutelte Menschen mit langen Gewändern, aber ansonsten kann jeder es ausprobieren. Vielleicht hilft es.

PRAKTISCHE TIPPS

Wie geht Entspannung?

»Wer niksen will, muss wirklich sehr stark sein«, sagt Miriam Evers von Slowww. Slowww hilft Menschen, sich auf einfache Art und Weise zu entspannen. »Die Welt bietet so viele Verlockungen. Von Handys über Serien bis hin zu Kursen. Die Versuchung, ständig beschäftigt zu sein, ist groß.« Wie schaffen wir es dennoch?

• Tipp 1: Niksen gelingt am besten mit kleinen Veränderungen

Menschen meinen oft, dass sie etwas tun müssen, um entspannen zu können. Zum Beispiel indem sie einen Timer stellen, um eine halbe Stunde zu meditieren. Aber warum das Leben gleich so auf den Kopf stellen? Kleine Veränderungen sind einfacher und wirken oft wie ein Katalysator. Im Moment der Entspannung fällt es uns leichter, unser Leben aus der Distanz zu betrachten, und daher wird das Bedürfnis, etwas tun oder kaufen zu wollen oder auf andere Weise diese Leere zu füllen, geringer sein. Beginne damit, dich für fünf Minuten hinzulegen bzw. zurückzulehnen und kurz innerlich innezuhalten. Schließe deine Augen dabei nicht und schaffe so einfach etwas Raum zum Verarbeiten aller Reize, dann lässt die innere Unruhe schnell nach. Verknüpfe den Moment der Entspannung mit einem oder mehreren täglich wiederkehrenden Momenten am Tag, beispielsweise beim Warten auf den Bus oder den Zug oder bei der Teezubereitung.

• Tipp 2: Checke ab und an ein

Lesen oder Fernsehen kann zwar durchaus als Entspannung empfunden werden, aber bei beidem checkst du aus, denn deine Aufmerksamkeit gilt nicht dir selbst, sondern etwas außerhalb deines Selbst. Daher ist es wichtig, regelmäßig einzuchecken – und das gelingt dir nur, wenn deine Aufmerksamkeit nach innen gerichtet ist. Dann spürst du, wie du dich wirklich fühlst. Das merkst du auch beim Yoga: Fünf Minuten in einer bestimmten Haltung sind körperlich nicht sonderlich aufregend, werden aber nach einem anstrengenden Tag durchaus zu einer Begegnung mit dir selbst. Viele Menschen fühlen aber oft eine innere Unruhe und sind es nicht gewohnt, zu niksen.

TIPPS!

- **Fange ganz klein an. Bereichere deinen Tag mit kurzen Momenten, in denen du gar nichts oder nur ein paar Atemübungen machst.**
- **Achte auf den Unterschied zwischen ein- und auschecken.**
- **Mache nicht mehrere Dinge gleichzeitig.**
- **Suche dir eine Kollegin/einen Kollegen, um zusammen Momente der Ruhe im Arbeitsalltag einzubauen.**

• Tipp 3: Fokussiere dich auf eine Aufgabe

Besonders wenn man Kinder hat, die Aufmerksamkeit wollen, ist es manchmal verlockend, ein Spiel zu spielen und gleichzeitig zu telefonieren. Besser ist es, die Aufmerksamkeit auf nur eine Sache zu richten. Kinder merken sofort, wenn man nebenher andere Dinge macht.

• Tipp 4 ist nur für Arbeitnehmer

Ich stelle oft fest, dass es Menschen schwerfällt, Entspannungsübungen wie etwa Atemübungen in der Öffentlichkeit zu machen. Wenn das so ist, bietet sich tatsächlich die Toilette als Übungsort an. Oder suche nach jemandem in der Arbeit, der ebenfalls ein solches Bedürfnis hat. Gemeinsam ist es einfacher und ihr könnt auch mal zusammen die Entspannung genießen, sodass das Ganze lockerer wird.

ICH SITZE DRINNEN
AM FENSTER
und langweile mich zu Tode.
WÄRE ICH BLOß
ZWEI HÜNDCHEN,
dann könnte
ich zusammenspielen.

3

NIKSEN und die Außenwelt

- **Eintauchen ins Mittelalter**
- **Technischer Fortschritt**
- **Niksen ist kostenlos**
- **Aufmerksamkeit als Businessplan**
- **Die Poesie der Prokrastination**

Seit jeher versuchen wir Menschen, das Nichtstun zu genießen, werden aber immer wieder abgelenkt. Erst durch Hunger, Krankheiten und Kriege, später durch Wirtschaftskrisen und soziale Unruhen. Niksen versetzt keine Berge, löst das Stauproblem nicht, baut keinen Rentenanspruch auf und ist nicht steuerlich absetzbar. Kurz: Niksen hat keinen praktischen Nutzen. Hinzu kommt, dass es zum Grübeln führt und uns niedergeschlagen oder, noch schlimmer, rebellisch machen kann. Niederländer haben es nicht so mit Niksen. Arbeit lenkt ab und hat einen gesellschaftlichen Nutzen. Wie konnte es so weit kommen? Oder besser gesagt: Wie kann es sein, dass dies auch heute noch so ist?

Die Niederlande scheinen heute nicht weniger stressgeplagt zu sein als im Mittelalter. Sie gelten für viele als ein calvinistisches Land, in dem es heißt: Schuften, nicht jammern. Nur ist der Mensch schon viel länger von diesem Arbeitsethos besessen, nicht zuletzt aufgrund der Tatsache, dass er aus dem Paradies geworfen wurde und sein Brot selbst mit Arbeit verdienen musste. Calvin betrat die Bühne erst im 16. Jahrhundert, als die Menschen schon längst hart arbeiteten und die Welt entdeckten.

Sie gelten als ein calvinistisches Land, in dem es heißt: Schuften, nicht jammern.

Bei näherer Betrachtung sind die Niederlande ein recht ordentliches Land. Kaum verfallene Häuser, um die sich niemand kümmert, oder Wäldchen, von denen niemand etwas weiß. Alles ist kartiert, dient einem Zweck oder hat einen Nutzen. Das liegt zum Teil daran, dass wir unter dem Meeresspiegel leben: Der Bau von Deichen und der Kampf gegen das Wasser sind harte Arbeit. Gegen dasselbe Wasser, das wir für den Handel nutzen: Verladen und über die ganze Welt verteilen.

REDENSART

Arbeit macht das Leben süß – man arbeitet hart, weil man muss.

Müßigkeit ist aller Laster Anfang – mit Faulheit beginnt der Niedergang.

Faulheit ist der Schlüssel zur Armut – der Müßiggang hat noch niemanden reich gemacht.

Diese Redensarten über Fleiß und Arbeit zeigen, dass fast jeder von jeher nicht viel am Hut hat mit dem Müßiggang. Wir sind Kaufleute, für alles. Und damit schließen wir die Zeit und die innere Welt ab und kommen zum Umfeld. Denn bevor du mit dem Niksen anfangen kannst, brauchst du die Unterstützung deiner Umwelt.

SCHLARAFFENLAND

Die Niederländer haben nie gelernt, still zu sitzen. »Erst recht die Niederländer nicht, die sich auf ihre calvinistische Mentalität berufen, in der es darum geht, hart zu arbeiten«, sagt Herman Pleij, emeritierter Professor für **mittelalterliche Literatur.** »Diese Dinge sind Konstruktionen, die im Kontext der Siedlungsgeschichte entstanden, aber nicht Teil unserer DNA sind. Das hört man zwar oft, aber das stimmt einfach nicht. Wir sind Kaufleute, aber dass diese Mentalität ›calvinistisch‹ sei, ist ebenso Nonsens, denn sie entstand in den Niederlanden schon viel früher.«

Ob arm oder reich, das Leben im Mittelalter war für alle hart. In Ritterfilmen mag das damalige Leben sehr schön aussehen, aber in Wirklichkeit war es furchtbar schwer. Mädchen konnten mit zwölf Jahren verheiratet werden, die Winter waren oft eisig kalt, mit Temperaturen weit unter dem Gefrierpunkt, über Wochen hinweg. Das bedeutete Kälte und Nahrungsmittelknappheit. Und wer den Winter überlebt hatte, lief Gefahr, von einer Epidemie heimgesucht zu werden, die oft auf einen kalten Winter folgten. Und als ob das Leben nicht schon hart genug gewesen wäre, gab es auch noch die Angst, man könnte nach dem Tod in der Hölle landen.

Da sich die Menschen schon damals gerne ablenken ließen, träumten sie von einem Land, in dem es an nichts mangelte und in dem man nie arbeiten musste: das Schlaraffenland. Dort lebten die Menschen wie Brüder und Schwestern von Königen (ohne Pflichten, aber mit allen Privilegien). Auf dem Gemälde *Das Schlaraffenland* von Pieter Bruegel d. Ä. von 1567 liegen drei Männer, ein Gelehrter, ein Bauer und ein Ritter, unter einem Bäumchen, während die vierte Person mit offenem Mund darauf wartet, dass ihm ein Gänsebraten (wurde wegrestauriert) in den Mund fliegt. Ein Ferkel läuft herum, das Messer bereits am Bauch befestigt. Nein, die Bewohner des Schlaraffenlands waren keine Vegetarier, aber sie waren arbeitslos, weil Arbeit verboten war. Sie konnten sich den Bauch vollschlagen und den ganzen Tag faul sein. Besitz gab es ebenso wenig und deshalb auch keine Eifersucht. Ein Land mit Flüssen aus Wein und einem Überfluss an Brathähnchen. Alle wollten immer Sex und, ganz wichtig für Niederländer, das Wetter war immer schön.

Herman Pleij hat ein Buch über dieses Land der Träume geschrieben und nannte es Cocagne. »Auch im Mittelalter gab es Zeiten, in denen sich die Menschen zu Tode langweilten und sich alle möglichen Spiele ausdachten. War etwa das Wetter schlecht oder hatte es viel geregnet, konnten die Menschen nicht reisen und mussten drinnen bleiben. Wenn endlich jemand vorbeikam, etwa ein Bettelmönch, wurde dieser fast wörtlich gefesselt, damit er Geschichten erzählte. Also dachte sich der Gast die verrücktesten Geschichten von Rittern aus – unsere heutigen Quellen«, so Pleij.

Im 16. Jahrhundert führte der britische Humanist Thomas More den Begriff »Utopia« ein, allerdings bedeutete der damals nicht »Schlaraffenland«. »Mores Utopia war Gesellschaftskritik, Satire«, sagt Pleij. Cocagne, das ab dem 16. Jahrhundert als »Schlaraffenland« bekannt wurde, war keineswegs ein solches, sondern höchstens ein bisschen Ausgleich, aber vielmehr die Beschwörung von Ängsten, vor allem vor Hungersnot. Und diese Angst betraf auch die reichen Bürger. Nicht immer war es eisig kalt, aber wenn, dann löste die Kälte große Probleme aus und anschließend Krankheiten. So entstand ein Verlangen nach Ausgleich und Humor, um das Elend wegzulachen, und genau das geschah in Cocagne. Es waren immer gewisse Vorstellungen, die zu dieser Gesellschaft gehörten, wie Essen, Tiere, die sich anbieten.

Trägheit war eine Todsünde, die im Mittelalter auf Faulheit ausgeweitet wurde. Die Hände unter die Achseln zu stecken, wie Peeter Baltens unter sein Bild Land von Cocagne schrieb, war Teufelswerk.

DAS LEBEN

ist keine

ANEINANDERREIHUNG

von atemberaubenden

Momenten.

DAS KLINGT MEHR WIE

ASTHMA ...

Cocagne war der Versuch, der Vorstellung der Kirche zu entkommen, Gott habe Adam und Eva mit Arbeit bestraft, nachdem er sie aus dem Paradies vertrieben hatte. »Im Mittelalter waren die Menschen überzeugt, dass das Paradies noch irgendwo existierte, aber dass es versperrt war und sie es nur nicht mehr betreten konnten. Es war der Stoff ihrer Träumereien. Viele Menschen machen das heute genauso, zum Beispiel wenn sie Fernsehserien schauen. All diese Wunschträume der damaligen Zeit gingen in der westlichen Gesellschaft tatsächlich in Erfüllung. Völlerei etwa war im Mittelalter eine Sünde. Es ging damals allerdings nicht darum, dass man zu viel aß, sondern außerhalb der vorgegebenen Zeit. Normale Menschen aßen zweimal am Tag, Mönche und Nonnen nur einmal. Wer jedoch dreimal am Tag oder den ganzen Tag über aß, war verfressen. In den Großstädten kann man heute überall und rund um die Uhr Essen kaufen, aber das ist noch nicht so lange so.«

Ob arm oder reich, das Leben im Mittelalter war für alle hart. In Ritterfilmen mag das damalige Leben zwar sehr schön aussehen, aber in Wirklichkeit war es furchtbar schwer.

Trägheit war eine Todsünde, die im Mittelalter auf Faulheit ausgeweitet wurde. Die Hände unter die Achseln zu stecken, wie unter einem Gemälde geschrieben stand, für das Bruegels *Schlaraffenland* als Inspiration diente, war Teufelswerk. Wer aufhören würde zu arbeiten, würde anfangen zu grübeln, melancholisch werden und schließlich sterben. Heute leben wir in Cocagne, sind aber immer noch auf der Suche nach dem Glück. Wie kann das sein? »Es ist nie genug«, sagt Herman. »Seit jeher ist die Geschichte von den Versuchen der Menschen geprägt, ihr Leben in die eigene Hand zu nehmen, in den Griff zu bekommen und zu regulieren. Das werden sie niemals aufgeben.«

INDUSTRIELLE REVOLUTION

Schon im Mittelalter träumten die Menschen vom Nichtstun – und daran hat sich bis heute nichts geändert. Nichtstun ist etwas, das wir uns sehnlichst wünschen. Aber in der Gesellschaft wird harte Arbeit als Tugend gefördert, während Nichtstun nicht wirklich geschätzt wird. Dies änderte sich auch während der Industriellen Revolution nicht, als der Broterwerb für immer mehr Menschen möglich wurde. Im Gegenteil, es brachte das Hamsterrad erst richtig in Schwung. Wer hart arbeitete, konnte sogar reich werden! Auch im letzten Jahrhundert blieb die Zwiespältigkeit gegenüber der Freizeit spürbar. Natürlich gab es schon damals Menschen, die im Müßiggang die Lösung sahen und auf die heilsame Wirkung des Nichtstuns hinzuweisen versuchten. So riet die Regionalzeitung *De Gelderlander* ihren Lesern 1951, sich zu der herrlich blühenden Stendelwurz zu setzen und eine Stunde lang nichts zu tun. »Es gibt Menschen, die so in der Hektik der Stadt gefangen sind, dass sie das gar nicht mehr können. Und doch ist es eine ideale Art, Urlaub zu machen.«

Eine Frauenhand und ein Pferdezahn dürfen nie stillstehen, oder um es mit Britney Spears zu sagen: You better work, bitch.

WOCHENARBEITSZEIT

Früher arbeiteten die Niederländer nicht genau 36 Stunden pro Woche, sondern 72 Stunden oder vielleicht sogar mehr als 100. Der Acht-Stunden-Tag wurde erst 1919 gesetzlich verankert, der arbeitsfreie Samstagnachmittag und Sonntag noch später. Doch ab diesem Zeitpunkt hatten die Bürger ein offizielles Recht auf Freizeit, und, erfinderisch, wie wir Niederländer nun mal sind, entstand eine ganze Freizeitindustrie. Allerdings war Freizeit nicht gleich Niksen, da Letzteres nicht als etwas Positives galt: »Faulenzen und Niksen kann man, wenn man tot ist.« Denn beide machen nicht nur unglücklich, sondern erschweren Gläubigen den Zugang zum Himmel. Für Katholiken ist Faulheit (Trägheit) sogar eine Todsünde, während Liberale Arbeit als etwas betrachten, das dem Leben einen Sinn gibt. Gab es vielleicht doch einmal eine Zeit, in der alle Niederländer dem Müßiggang frönen konnten?

Wie schon gesagt, verabschiedeten die Niederlande 1919 das Arbeitsgesetz, das allen Arbeitnehmern Anspruch auf einen ganzen freien Tag pro Woche gewährte. Auf Druck christlicher Parteien wurde dann der Sonntag arbeitsfrei, damit alle zur Kirche gehen konnten. Auch der Samstagnachmittag wurde arbeitsfrei. Das änderte sich nach dem Krieg, als die Männer im Zuge des Wiederaufbaus wieder mindestens 48 Stunden pro Woche arbeiten mussten. Doch als der Wohlstand Einzug hielt, wurde die Wochenarbeitszeit wieder reduziert. In den 1960er-Jahren folgte in einigen Unternehmen die Einführung der Fünf-Tage-Woche.

Heute gilt in der ganzen EU die 48-Stunden-Woche als Maximum, aber in den Niederlanden wird im Durchschnitt 36 bis 38 Stunden pro Woche gearbeitet.

FEMINISMUS

Die Zeit, die Frauen mit Hausarbeit verbringen, ist im Laufe der Jahre weiter gesunken. Frauen dachten immer öfter: »Wieso soll ich eigentlich die Bettlaken bügeln, wenn a) niemand den Unterschied merkt und b) morgens sowieso wieder alles verknittert ist?« Dann hielten Waschmaschine, Staubsauger und Mixer Einzug in ihr Leben, und die Frauen hatten mehr Zeit. Und als Büros mit ihren Kaffeemaschinen, Klimaanlagen, Kaffeepausen und *Casual Fridays* weitere Arbeitszeitgesetze und die Arbeitswelt veränderten, war die Zeit reif, den Arbeitsmarkt zu erkunden. Langsam natürlich, mit kleinen Schritten, sodass niemand es sah. Die Menschen wurden mit einem neuen Phänomen namens »Freizeit« konfrontiert.

1952 gewann die Kinderbuchautorin Eline Capit einen Krimipreis mit ihrem Buch *De wolven en de schapen* – auf Deutsch: *Die Wölfe und die Schafe* –, das sie »in den Stunden, in denen ihre Töchter schliefen« geschrieben hatte. Auch in der Zeit danach veröffentlichte sie weitere spannende Bücher und berichtete in einer Kolumne in der Tageszeitung *De Telegraaf* über die Höhen und Tiefen ihres Haushalts: über das Kindermädchen, das sie engagiert hatte, über die Probleme bei der Telefoninstallation in ihrem Haus und darüber, dass Mutterschaft ein Job sei, »für den es selten eine Abfindung gibt«. 1964 rühmte sie in einer Kolumne die Vorzüge eines Lebens, in dem man den Haushalt einfach mal ignoriert. Sie hatte keine Putzfrau und ihr Haus war sehr groß, also ließ sie alles einfach stehen und liegen.

»Wer weiß, wie viel Freude Sie an Hausarbeit bekommen, wenn Sie etwas mehr über die verschiedenen Möbelstücke wissen und die Bewunderung für diese von Freunden entlocken.«

In ihrem Artikel preist sie die Vorzüge eines schmutzigen Hauses: keine Besucher, oder wie Capit es selbst nennt, keine »Inspektion«, mehr. »Wenn ich sie ganz loswerden wollte, dann brauchte ich sie nur zum Spülschrank zu lotsen, in dem sich ein alter Putzschwamm in einem stinkigen Korb mit einem Bündel alter Autoputzlappen vermählt hat.« Eine große Sauerei, aber so blieb ihr mehr Zeit zum Nichtstun, wie sie sagte. Niksen als feministischer Akt des Widerstands – hurra, Eline Capit!

Vorsichtig schlägt *Libelle* vor, dem Ehemann einen Abend pro Woche die Betreuung der Kinder anzuvertrauen.

Ein paar Monate später erhielt sie Unterstützung von der Frauenzeitschrift *Libelle*, die sich auch vorsichtig in diese Richtung vorwagte. Im Januar 1965 kam das Magazin mit einer kühnen Idee, welche die Redakteure sich fast nicht abzudrucken trauten. »Werden Sie versuchen, uns zu verstehen?«, lautete der Anfang dieser Geschichte. Aus heutiger Sicht mag es kaum vorstellbar sein, dass vor 55 Jahren derartige Vorsicht geboten war, aber das Magazin rechnete mit dem Schlimmsten. »Sehen Sie, es geht um Ihre Freizeit. Nein, nein, sagen Sie nicht gleich, Sie hätten gar keine und wären furchtbar beschäftigt. Sie arbeiten von frühmorgens bis spätabends und fallen dann erschöpft ins Bett und schlafen wie ein Stein.« Daraufhin stellt die Zeitschrift ihren Leserinnen die Frage: »Mal ehrlich, wäre es nicht möglich, jede Woche etwas Zeit für sich selbst freizuschaufeln?« Vorsichtig schlägt *Libelle* vor, dem Ehemann einen Abend pro Woche die Betreuung der Kinder anzuvertrauen. »Er mag einen Lachanfall bekommen, wenn Sie ihm diesen Vorschlag unterbreiten, aber er wird sicher auch einsehen, dass es angemessen ist.« Diese Zeit sollte die Frau jedoch nicht mit Nichtstun oder nutzlosen

Spaziergängen verbringen, sondern mit Kursen in Hutmachen, Kochen oder Möbelaufarbeitung. »Wer weiß, wie viel Freude Sie an Hausarbeit bekommen, wenn Sie etwas mehr über die verschiedenen Möbelstücke wissen und die Bewunderung für diese von Freunden entlocken.« *Libelle* erkannte darin echtes Trendpotenzial: »Überall in unserem Land nehmen sich gestresste Hausfrauen jede Woche ein paar Stunden frei, um abzuschalten.«

In den 1950er-Jahren hielt das Fernsehen Einzug in die Wohnzimmer. Schon vorher klebten die Menschen zu bestimmten Zeiten am Radio, aber das Fernsehen führte dazu, dass die Menschen noch öfter untätig wurden. Nach getaner Arbeit wurde der Fernseher eingeschaltet, und das ist heute noch so. Das Internet hat zwar das Medium verändert, aber nicht unsere Lust auf Serien.

HIP

Seit Beginn dieses Jahrhunderts ist Nichtstun, Faulenzen und Herumlungern angesagt. Nicht umsonst hat sich »chillen« rasch zu einem beliebten Wort entwickelt. Das Jahrtausend wurde mit dem *Loungen* eingeläutet: Es entstanden Lounge-Cafés, in denen wir mit einem Drink auf Sofas abhingen und *Ibiza Lounge Vol. 15* hörten, um zu entspannen. Als die Zeitschrift *Onze Taal* ihre Leser 2001 bat, sich niederländische Alternativen für das Wort »loungen« auszudenken, schlugen einige Leser »niksen« vor. Allerdings meinte die Redaktion des Magazins, dass »loungen« so viel mehr bedeutet als Nichtstun, und das stimmt ja auch. Zum Loungen bedarf es Kissen und eines chilligen Beats, während man zum Niksen gar nichts braucht. Außer Mut, Lust und Zeit, um den Kopf freizubekommen und vor sich hinzustarren.

GELDBEUTEL

Wir haben jetzt relativ viel Freizeit und Geld, um etwas Schönes auf die Beine zu stellen. Jahrelang war Geld des Nichtstuns großer Feind. Menschen mit einer Hypothek etwa trauen sich immer noch nicht, mal auf die Bremse zu treten, aber es gibt Hoffnung. Ökonomen sprechen bereits von einem System, in dem es nicht um Wachstum, sondern um die Erhaltung des Status quo geht. Und dann gibt es Menschen, die ihre lukrative Karriere an den Nagel hängen und sich für ein minimalistisches Leben entscheiden. Der Besitz als solcher verliert an Beliebtheit, und die *Sharing Economy* wächst. Ob man im Leben viel arbeiten will, um reicher oder glücklicher zu werden, oder einfach nur den Status quo genießen will: Niksen hat alles und schließt niemanden aus. Und wenn wir schon wieder beim Geld sind: Wir sollten vor allem nicht den großen Vorteil des Nichtstuns vergessen: Es ist völlig kostenlos! (Da ist sie wieder, die Handelsmentalität.) Zum Niksen braucht es nichts, und du kannst immer sofort loslegen. Du musst nicht mal in Nahrung investieren, denn das ganze Abhängen kostet kaum Energie. Du kann es mit deinen Freunden tun. Die Messlatte liegt so niedrig, dass man sie gar nicht mehr sieht. Mehr noch, sie ist einfach einen Moment nicht da.

Außerdem lässt sich mit Nichtstun eine Menge Geld sparen. Man tut es statt einer Aktivität, die Geld kostet. Wer eine Stunde oder mehr nichts tut, geht nicht im Internet auf die Suche nach schöner Kleidung oder unwichtigen Gadgets. Der ersetzt nicht etwas, das nicht ersetzt werden muss. Man spart auch Geld, indem man es nicht für Dinge ausgibt, die man nicht wirklich braucht. Wer dem Müßiggang frönt, teilt seine Zeit anders ein.

Wir sollten vor allem nicht den großen Vorteil des Nichtstuns vergessen: Es ist völlig kostenlos! Zum Niksen braucht es nichts und du kannst immer sofort loslegen.

KOSTENLOSES GELD

Mit Nichtstun Geld zu verdienen ist für viele ein Traum. Wäre man doch bloß die Erbin eines Millionenimperiums! Wobei ... womöglich wären dann Imageprobleme oder Erbstreitigkeiten zu erwarten. Dann doch lieber ein Lottogewinn. Wer träumt bei Bildern von Hängematten nicht von einsamen, schneeweißen Stränden bei strahlendem Sonnenschein? Weniger lustig ist es, wenn die ganzen Ersparnisse draufgehen, um zwei Wochen lang so zu tun, als wäre man reich. Wie ergeht es eigentlich Menschen, denen es gelungen ist, so reich zu werden, dass sie sich nur noch dem Nichtstun hingeben müssen?

• 1 Erben

Reiche Erbinnen wie Paris Hilton müssen eigentlich nie arbeiten. Ist es Zufall, dass ausgerechnet sie als erste Influencerin gilt? Sie war es, die dieses Phänomen mehr oder weniger angestoßen hat, als sie als Erste anfing, mit ihrem Status als *It-Girl/Socialite* Geld zu verdienen. Ohne eigene Karriere wurde sie berühmt für das, was sie war: ein Partygirl, das gerne mit Geld um sich warf. Sie baute ihren Ruf als gelangweilte, steinreiche Frau zu einem Imperium aus. Obwohl man sie dumm nannte – ein Schicksal, das später auch Kylie Jenner zuteilwurde –, gelang es Frauen wie ihr, ihre Persönlichkeit als Geschäftsmodell zu etablieren. Eigentlich ziemlich clever. Jenner ist sogar die jüngste Selfmade-Milliardärin der Welt. Sie kultivierte das reiche Leben, um noch reicher zu werden.

• 2 Lottogewinner

Einen einfacheren Weg, um reich zu werden, gibt es kaum: einen Lottoschein kaufen und gewinnen. Die meisten Lottogewinner hören jedoch nicht ganz auf zu arbeiten, sondern reduzieren bestenfalls ihre Arbeitszeit. Dennoch sind Lottogewinner laut einer schwedischen Studie glücklicher als Nicht-Gewinner. Nicht nur des Geldes wegen, sondern auch wegen des Gefühls, ein Gewinner zu sein. Diese Wirkung kann bis zu 20 Jahre anhalten!

• 3 Der Mann, der seinen Job nach China verlagerte

Jahrelang arbeitete der unscheinbare Programmierer »Bob« für das amerikanische Unternehmen Verizon, bis sich herausstellte, dass er seine Arbeit gar nicht selbst erledigte, sondern einer chinesischen Firma für ein Fünftel seines Gehalts überlassen hatte, um selbst im Internet surfen zu können.

Die Niederlande sind »Teilzeitweltmeister«: Etwa die Hälfte der erwerbstätigen Bevölkerung (4,4 Millionen Menschen) arbeitet in Teilzeit. Die Zahl der Vollzeitstellen ist über die Jahre hinweg so stark gesunken, dass ihr Ende womöglich nah ist. Laufend erscheinen Studien darüber, dass ein kürzerer Arbeitstag zu mehr Produktivität führen kann. Außerdem arbeiten immer mehr Menschen im Homeoffice, was Reisezeit spart. Und da Zeit eine Grundvoraussetzung für das Niksen ist, könnte mehr Freizeit auch zu mehr Nichtstun führen.

FLEXIBLE ARBEITSZEITEN

Wer in einem Büro arbeitet, kennt den Begriff wahrscheinlich schon: New Work. 2005 verbreitete Microsoft-Chef Bill Gates eine Mitteilung mit dem Titel »The New World of Work«, in der er vorhersagte, dass neue Technologien das Arbeitsleben verändern würden. Immer öfter würden Menschen den Arbeitsplatz teilen und die persönliche Produktivität würde deutlich steigen. Damit öffnete er die Tür für New Work, das von flexiblen Arbeitsplätzen und -zeiten geprägt ist. Das spart Kosten und sorgt dafür, dass junge Menschen, für die Freiheit immens wichtig ist, länger glücklich bleiben. Nur leider profitieren Mitarbeiter in Branchen wie Gesundheitswesen, Bildungswesen und Gastronomie noch nicht von dieser Entwicklung.

WENIGER STUNDEN

2007 veröffentlichte Timothy Ferriss sein Buch *Die 4-Stunden-Woche*. Etwas, das leider noch nicht für alle möglich ist, etwa für Betreuer psychisch kranker Menschen, denen man nicht auf Abstand bei der Bewältigung ihres Lebens helfen kann. In den Niederlanden ist die 36-Stunden-Woche praktisch Standard. Das verschafft den Niederländern mehr Zeit für Dinge wie Duschen, Schlafen und Freizeitbeschäftigungen. Wie sie ihre Freizeit nutzen, zeigte das niederländische Institut für Sozial-Kulturelle Forschung, das alljährlich Daten zum Wohlergehen der Niederländer publiziert, 2016 in einer Studie. So haben Frauen ebenso viel Freizeit wie Männer, nämlich 43 bis 44 Stunden, brauchen aber mehr Zeit für die »persönliche Pflege«. Weitere interessante Zahlen:

- **Drei Viertel der Niederländer wollen sich in ihrer Freizeit »weiterentwickeln«.**
- **Die Niederländer sind schon seit Jahren sehr zufrieden mit ihrer verfügbaren Menge an Freizeit: 70 Prozent finden sie ausreichend.**
- **Eine überwältigende Mehrheit (mehr als 90 Prozent) nutzt ihre Freizeit vorwiegend zur Entspannung.**
- **Die meisten Niederländer finden ihr Leben stressig und würden gerne ein ruhigeres Leben führen.**
- **Aus Interviews und Fokusgruppen geht hervor, dass Frauen sich stärker für Hausarbeit und Kinderbetreuung verantwortlich fühlen und dies auch in ihrer Freizeit tun. Frauen können schlechter entspannen.**

BULLSHIT-JOBS

Einigen Menschen gehen flexible Arbeitszeiten, die vielleicht besser zu ihrem Tagesrhythmus passen, und kürzere Arbeitstage noch nicht weit genug. Sie wollen die Art und Weise, wie wir über Arbeit denken, verändern. Auch wenn schnelle Kommunikationsmöglichkeiten und mehr Flexibilität das Arbeitsleben in einigen Teilen der Welt bereits stark verändert haben, hält der amerikanische Anthropologe und prominente Occupy-Aktivist David Graeber es nicht mehr für zeitgemäß, einen Job zu haben. Früher wurde gearbeitet, um etwas zu produzieren, aber heute produzieren nur noch die wenigsten Menschen etwas Greifbares. Stattdessen arbeiten sie mehr um diese Produkte herum. Das geht manchmal so weit, dass sie nicht mal mehr wissen, welches Rädchen sie in dem ganzen Getriebe sind. Diese Jobs nennt Graeber »Bullshit-Jobs«. Nach umfangreichen Recherchen kam er zu dem Schluss, dass 20 Prozent der westlichen Arbeitnehmer ihre Arbeit als sinnlos empfinden, wie etwa die vielen »Papierschieber« oder Menschen, die längst nicht mehr gebraucht werden, aber unkündbar sind. Bullshit. Oder jene Menschen, die als persönliche Assistenten eines Chefs arbeiten, der vom Vorstand ignoriert wird und somit keine Rolle mehr im Betrieb spielt, nach außen hin aber den gegenteiligen Eindruck aufrechterhält. Oder Menschen, die beispielsweise etwas koordinieren oder managen sollen, jedoch nicht wissen, wozu.

Nach umfangreichen Recherchen kam er zu dem Schluss, dass 20 Prozent der westlichen Arbeitnehmer ihre Arbeit als sinnlos empfinden.

Schon seit Längerem sagen Ökonomen voraus, dass der Mensch dank des technologischen Fortschritts immer weniger wird arbeiten müssen. Bereits im letzten Jahrhundert sagte der bedeutende Ökonom John Maynard Keynes

Wochenarbeitszeiten von nur wenigen Stunden voraus. Dass diese noch keine Realität sind, liegt womöglich daran, dass Keynes den Mehraufwand für die Erschaffung von Internet, Spielkonsolen und Flugzeugen nicht einkalkuliert hat. Stimmt nicht, so Graeber, denn auch in deren Produktion arbeitet nur eine Handvoll Menschen. Nicht nur werden sie maschinell entworfen, auch die Fertigung wird von Maschinen erledigt. Laut Graeber besteht das eigentliche Problem darin, dass viele Menschen einfach einen überflüssigen Job haben, dagegen aber nicht aufbegehren.

Man hat also einen Job, den man für sinnlos hält, aber er bezahlt die Rechnungen. Außerdem hat er eine soziale Komponente, da die Leute denken, dass man nicht herumlungert.

GRAEBER UNTERSCHEIDET FÜNF TYPEN VON BULLSHIT-JOBS*

• **LAKAIEN:** Das sind Menschen, deren Jobs im eigentlichen Sinne darin bestehen, ihre Vorgesetzten wichtig aussehen zu lassen. Wie ein persönlicher Assistent, der sich um günstige Skifahrmöglichkeiten und die Weiterleitung von E-Mails kümmert, sonst aber wenig zu tun hat. Der einzige Grund für die Existenz dieser Funktion ist es, zu zeigen, dass die Person, für die der persönliche Assistent arbeitet, sehr wichtig ist.

• **SCHLÄGER:** Um zu erklären, was sie sind, verwendet Graeber folgende Metapher, die besagt, dass Staaten nur Armeen brauchen, weil andere Staaten Armeen haben. Als Beispiele nennt er Telefonverkäufer und Firmenanwälte.

• **FLICKSCHUSTER:** Sie sind Arbeitnehmer, die ihren Job ausschließlich einem Fehler in der Organisation zu verdanken haben. Sie lösen Probleme, die es nicht geben dürfte. Graeber vergleicht sie mit einem Eimer, den man unter eine tropfende Wasserleitung stellt und jede halbe Stunde ausleert, anstatt einen Klempner zu holen, der das eigentliche Problem behebt.

• **KÄSTCHENANKREUZER:** Das sind Menschen mit einem Job, dessen Existenzberechtigung lediglich darin besteht, dass die Organisation behaupten kann, sie hätte eine gewisse Vorgabe erfüllt. Laut Graeber gibt es solche Jobs oft bei Behörden, aber auch in Unternehmen.

• **AUFGABENVERTEILER:** Dies sind Leute, die nur Aufträge an andere zu erteilen haben, also überflüssige Vorgesetzte im mittleren Management. Als Beispiel beschreibt Graeber einen Bankangestellten, dessen Aufgabe es ist, die Abläufe in der Bank effizienter zu gestalten, der jedoch keinen seiner Vorschläge tatsächlich durchsetzen kann, da sie sofort im Papierkorb landen. Als er den Vorschlag macht, einen Lakaien zu entlassen, stößt er auf Widerstand, da der Lakai wichtig ist für das Ego eines anderen Managers.

 * *Bullshit-Jobs*, David Graeber (Klett-Cotta)

Das klingt nicht sonderlich positiv, und manche Menschen werden sich darin vielleicht wiedererkennen. Neben Unzufriedenheit führt ein Bullshit-Job auch zum bereits erwähnten Bore-out. Graeber plädiert daher für ein bedingungsloses Grundeinkommen für alle, also ein monatliches Mindesteinkommen, mit dem jeder über die Runden kommen sollte und das sich mit einem Arbeitseinkommen ergänzen lässt. So würde jeder, ob Milliardär oder nicht, ein paar hundert Euro auf sein Konto gutgeschrieben bekommen. Es würde Armut beseitigen und zu mehr wirtschaftlicher Gleichheit führen.

Der amerikanische Anthropologe David Graeber hält es nicht mehr für zeitgemäß, einen Job zu haben. Früher wurde gearbeitet, um etwas zu produzieren, aber heute produzieren nur noch die wenigsten Menschen etwas Greifbares.

Das bedingungslose Grundeinkommen ist eine Idee, die immer mal wieder aufpoppt, auch in den Niederlanden. Da seine Umsetzung einen immensen Kraftakt erfordern würde, wünschen sich viele noch mehr Studien. Denn schließlich würde es das ganze System über den Haufen werfen. Außerdem müsste sich unsere Vorstellung von Arbeit drastisch ändern.

AUFMERKSAMKEITSKRIEG

Vielleicht werden wir also in Zukunft noch mehr Freizeit haben. Dann stellt sich die wichtige Frage: Wie nutzen wir sie? Schon heute buhlen Unternehmen um unsere Aufmerksamkeit und stellen hochmoderne Geräte her, die eine Menge Ablenkung bieten. Einigen Ökonomen zufolge leben wir in einer »Aufmerksamkeitsökonomie«, in der es letztlich nur um eines geht: verkaufen. Ein Milliardengeschäft! Der amerikanische Verhaltensforscher Nir Eyal hat in seinem Buch *Hooked* (2014) beschrieben, wie man Menschen süchtig nach Handys machen kann. Also kein Buch darüber, wie schlecht es ist, dass wir alle an unseren Smartphones kleben, sondern darüber, wie sich diese Sucht noch steigern lässt. Er schreibt, man solle produzieren, um bedeutungsvoller zu werden, nicht um Geld zu verdienen. Und es hat funktioniert: Sein Buch wurde ein Bestseller, und viele Menschen aus der Wirtschaft haben es gelesen.

Wer sich den Film zum Beispiel im Zug ansieht, wird vielleicht durch den Schaffner gestört oder durch ein herumknutschendes Liebespaar. Oder durch einen Geruch, den er nicht einordnen kann.

Der Kampf um Aufmerksamkeit hat auch die Unterhaltungsindustrie verändert. Heute haben wir über diverse Kanäle Zugang zu einem Meer von Filmen und Serien. So veröffentlichte der amerikanische Regisseur Martin Scorsese sein Mafia-Epos *The Irishman* auf Netflix und bat seine Fans, sich den Film nicht auf ihren Smartphones anzusehen, was an sich möglich wäre. Man muss also nicht mal ins Kino gehen, um den neuesten Film eines renommierten Filmemachers und Oscar-Preisträgers sehen zu können. Scorsese hatte die nachvollziehbare Sorge, dass sein Film auf einem kleinen Bildschirm nicht gut aussehen würde. Wer sich den Film zum Beispiel im Zug ansieht, wird vielleicht durch den Schaffner gestört oder durch ein herumknutschendes Liebespaar. Oder durch einen Geruch, den er nicht einordnen kann.

Bei der Wucht, mit der all diese finanzkräftigen Unternehmen um unsere Aufmerksamkeit buhlen, ist es schwer, nicht nachzugeben und nicht jede Woche eine andere Serie zu schauen, während man auf dem Handy alberne Spiele zockt. Zum Glück veröffentlichte Eyal fünf Jahre später das Buch *Die Kunst, sich nicht ablenken zu lassen* (2019), in dem er beschreibt, wie wir diese Abhängigkeiten wieder loswerden können. Sein logischer Gedanke dahinter: Ich weiß, wie ich dich süchtig gemacht habe, also weiß ich auch, wie du die Sucht wieder loswirst. Aber es wird schwer. Auch weil das Smartphone ein nützliches Tool ist, mit dem wir unsere Zeit effizienter einteilen können.

EPIBRIEREN

1954 erfand der niederländische Schriftsteller Simon Carmiggelt das Fantasiewort *epibrieren*. Es bedeutet überhaupt nichts, aber man kann es verwenden, um anderen vorzugaukeln, man würde etwas sehr Wichtiges machen, obwohl man gar nichts tut. Natürlich, so Carmiggelt, sei das Wort von einem Beamten erfunden worden – zwinker, zwinker. Also von jener Berufsgruppe, die in dem Ruf steht, ziemlich faul zu sein und lediglich Papierstapel hin und her zu schieben. Dennoch lässt sich der Begriff wunderbar gegenüber Kollegen verwenden, wenn du früher nach Hause gehen möchtest, um nichts zu tun. Mit etwas Glück kapieren die Kollegen nicht, wovon du sprichst, fürchten aber, etwas Wichtiges verpasst zu haben, sodass sie einwilligen und dich gehen lassen.

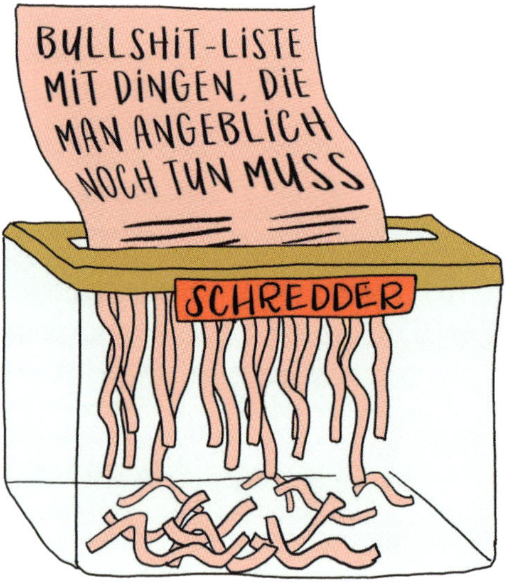
BULLSHIT-LISTE MIT DINGEN, DIE MAN ANGEBLICH NOCH TUN MUSS
SCHREDDER

NIKSEN AM ARBEITSPLATZ

Arbeit wird auch in näherer Zukunft unverzichtbar sein, und wir werden einen Großteil unserer Zeit dafür aufwenden. Was nicht heißt, dass wir während der Arbeit nicht niksen könnten. Wer jetzt denkt, während der Arbeit könne man gar nicht niksen, denn man müsse ja den ganzen Tag Gas geben, der irrt. Gerade der Job eignet sich perfekt zum Niksen! Selbst für ausgebuchte Herzchirurgen oder Friseure oder Busfahrer, die immer am Lenkrad sitzen müssen. Denn acht Stunden am Stück Gas zu geben, ist nahezu unmöglich. Acht Stunden lang physisch anwesend zu sein, ist machbar, aber sich ununterbrochen brillante Lösungen auszudenken und eloquente E-Mails zu versenden, ist ein Ding der Unmöglichkeit. Zwischendrin darf es ruhig mal Leerlauf geben – ganz ohne Schuldgefühle. Allein schon, damit sich die Muskulatur vom vielen Sitzen oder Herumlaufen erholen kann. Außerdem brauchen Ideen Freiraum, um sich zu entwickeln. Der kleine Haken am Nichtstun in der Arbeit ist: Um richtig zu niksen, darfst du dir keinen Timer stellen. Das Nichtstun darf keine zeitliche Begrenzung haben, denn dann gehört es auf eine To-do-Liste.

Die praktischste Lösung ist: die Toilette. Zugegeben, nicht der hygienischste Ort für den Akt des Widerstands, aber seien wir ehrlich, mit den Stiefeln im Schlamm zu stehen gehört nun mal zu einer Revolution.

Arbeit ist notwendig, nicht für die Menschheit, sondern für die Menschlichkeit. Jeder, der eine Zeit lang arbeitslos war, kennt das Gefühl vielleicht, nicht wirklich gebraucht zu werden – ein Gefühl der Leere. Letztlich will sich jeder nützlich fühlen, ob mit oder ohne bezahlte Arbeit. In einer idealen Welt würde die Arbeit auf die Persönlichkeit abgestimmt. Abendmenschen müssten nicht schon um 8:30 Uhr zum Dienst antreten, sondern erst um 10 Uhr oder noch später. Und Studenten würde es überlassen, wann sie für ihre Prüfungen lernen und ihre Arbeiten schreiben wollen. Eigentlich ist es sehr unnatürlich, sich die ersten 22 Jahre seines Lebens zu bilden und selbst zu entscheiden, wann und wie man zeigt, dass man den Stoff beherrscht, um anschließend 50 Jahre lang zwischen festen Zeiten anwesend sein zu müssen, um das, was man beherrscht, auszuführen.

Warum teilen wir den Tag nicht auf? Die Zeit zwischen 11 und 13 Uhr ist für die meisten Menschen die aktivste Zeit. Warum nicht alle Besprechungen und Termine in der Zeit bis 13 Uhr ansetzen, um die restliche Arbeit selbst auf die restliche Zeit verteilen zu können? Das geht natürlich nur bei Bürojobs; Menschen, die im Schichtdienst arbeiten, nutzt diese Idee (noch) gar nichts. Doch wenn sich die Bürozeiten ändern, ändert sich auch die Einstellung, und das ist schließlich unser Ziel!

In den 1980er-Jahren sang Dolly Parton bereits über die »Nine-to-five«-Mentalität: »What a way to make a living.« Lange Arbeitstage sind unnatürlich. Vor allem Bildschirmarbeit, den ganzen Tag sitzen, all die Meetings. Zum Glück stehen die Roboter in den Startlöchern, und wir können endlich unser Verhalten ändern. Doch nicht jeder Chef oder Manager weiß, wie wichtig Powernaps sind, und jubelt, wenn du mit derangierter Kleidung und Sabber in den Mundwinkeln zur Arbeit erscheinst.

Gerade der Job eignet sich perfekt zum Niksen. Sogar für ausgebuchte Herzchirurgen oder Friseure oder Busfahrer, die immer am Lenkrad sitzen müssen.

Wenn dein Arbeitsumfeld noch nicht bereit ist für »The Big Sleep« und flexible Arbeitszeiten, musst du als Mitarbeiter eben selbst nach kreativen Lösungen suchen und in den Untergrund gehen. Schließlich zählst du zum erlesenen Kreis von Vorreitern/Wegbereitern/Rebellen, die verstanden haben, dass sich die Zeiten ändern und hartes Arbeiten zulasten der Gesundheit keine Option

»Niksen mit anderen ist für mich das höchste Gut. Im Gras herumliegen usw. Früher tat ich nichts anderes, als Erwachsener soll auf einmal alles sinnvoll sein.«

tom hofland

mehr ist. Und dass es manchmal einer Auszeit bedarf, wenn der Kopf vor lauter Arbeit zu explodieren droht.

In den 1980er-Jahren sang Dolly Parton bereits über die »Nine-to-five«-Mentalität: »What a way to make a living.« Lange Arbeitstage sind unnatürlich.

Die praktischste Lösung ist: die Toilette. Zugegeben, nicht der hygienischste Ort für den Akt des Widerstands, aber seien wir ehrlich, mit den Stiefeln im Schlamm zu stehen gehört nun mal zu einer Revolution. Niksen auf der Toilette, wie soll das gehen? Indem du dich wie ein Teenager halb im Liegen hinlümmelst – die strenge Französischlehrerin würde dich des Klassenzimmers verweisen. Am besten ziehst du deine Mütze oder deinen Kapuzenpulli über die Augen, um in deine Traumwelt abtauchen zu können. Nimm einen Stift in die Hand, der dir, sobald du das Stadium vollkommener Entspannung erreicht hast, wieder aus der Hand fallen und dich sofort aufwecken wird – ein alter Trick großer Intellektueller. So verhinderst du, dass du stundenlang auf der Toilette hockst und Kollegen sich auf die Suche nach dir machen.

Wer Angst davor hat, was wohl die anderen sagen werden, sollte a) sowieso am besten sofort damit aufhören oder b) einen gequälten Blick aufsetzen, damit niemand nachbohrt. Denn zum Glück sind die meisten Menschen dann nicht besonders erpicht darauf, im Detail zu erfahren, was du 26 Minuten lang auf der Toilette getrieben hast.

Nichtstun während der Arbeit bedeutet, ab und an nicht verfügbar zu sein. Das ist der Augenblick, in dem sich ein Lehrer hinstellt und sagt: »Moment mal, ich bin Lehrer, ich kann so viele Schüler doch nicht sich selbst überlassen. Bevor man sich versieht, haben sie ihre Hände mit Sekundenkleber aneinandergeklebt. Ich bin echt unentbehrlich!« Wer das denkt, hat bereits einen Burn-out und kann sich sofort krankmelden, denn jeder ist entbehrlich. Und das ist gut so, denn sonst fällt das Ganze in sich zusammen. Unser System basiert nämlich auf nicht tragenden Wänden. Wer sich dennoch für eine tragende Säule hält, sollte sich besser sofort verdrücken, um das Ganze mal aus anderer Perspektive zu betrachten. Mag sein, dass man eine Gruppe Jugendliche keine fünf Minuten allein lassen kann, aber man kann mal eine Aufgabe ins andere Feld kicken. *Even Make Yourself Great Again*. Zuerst du selbst und dann die anderen. Eine andere Möglichkeit, die Anwesenheitspflicht am Arbeitsplatz besser zu ertragen, ist es, abends nach der Arbeit wirklich gar nichts mehr zu tun, auch keine E-Mails mehr zu beantworten. Nur so lässt sich zukünftiger Stress im Keim ersticken.

DIE ZUKUNFT

In seinem Buch *Is daar iemand?* – auf Deutsch: *Ist da jemand?* – beschreibt Wouter van Noort, Journalist der Tageszeitung *NRC handelsblad*, die Rolle von Smartphones in unserem Leben. Der technologische Fortschritt brachte uns in kurzer Zeit eine Menge nützlicher Apps und Möglichkeiten für noch mehr Freizeit, aber stattdessen verbringen wir noch mehr Zeit mit unseren Smart Devices. Und nein, drei Stunden zielloses Scrollen auf dem Handy zählt nicht als Nichtstun.

Wie ist es möglich, dass wir so viel Zeit mit unseren Smartphones verbringen? »Die Gewinne des technologischen Fortschritts landen hauptsächlich bei den großen Tech-Konzernen oder bei der Gesellschaft«, sagt Wouter. »Diese Unternehmen arbeiten in einer Aufmerksamkeitsökonomie, in der Daten der Rohstoff sind. Diese Daten produzieren wir selbst, indem wir alle für die Googles und Facebooks dieser Welt arbeiten. Mit jeder Suche erzeugen wir Daten für sie, und aufgrund der Art und Weise, wie Tech-Unternehmen sie organisieren, kann man unser Verhalten als unbezahlte Arbeit sehen. Man hat uns süchtig gemacht nach Smartphones, zum Teil auch, um Daten für Tech-Unternehmen zu produzieren. Der Ökonom Glen Weyl ruft dazu auf, uns in Datengewerkschaften zusammenzuschließen, damit wir als Datenarbeiter entsprechend bezahlt werden. Wir denken, wir hätten das Leben einfacher, schneller und reibungsloser gemacht, aber in Wahrheit schuften wir für die großen Tech-Unternehmen.«

Die Online-Datenökonomie scheint kostenlos zu sein, weil wir nichts dafür zahlen und sie uns nicht stört. Wir sehen sie nicht einmal. Das Smartphone ermöglicht es uns, jederzeit und überall E-Mails zu versenden, hat aber auch Spiele, Nachrichten-Apps und soziale Medien an Bord, mit denen wir täglich Stunden verbringen. »Die Vorstellung, dass uns durch diese Technologie mehr Zeit bleibt, hat sich nicht bewahrheitet. Denn die meiste Zeit verbringen wir mit der Datenproduktion für Unternehmen, die uns nicht dafür bezahlen.« Wer also täglich zwei Stunden auf Instagram verbringt, sollte eigentlich von Instagram bezahlt werden, da das Unternehmen dank seines Verhaltens Anzeigen verkaufen kann.

Laut Glen Weyl sollte jeder Mensch durchschnittlich rund 1000 Euro im Monat von Google erhalten für all die Arbeit, die er leistet.

Vor einigen Jahren kam das Spiel *Pokémon Go* auf den Markt. Alle waren glücklich wie kleine Kinder und strömten raus auf die Straße, um all die Pokémons zu fangen, die in der Augmented Reality des Spiels auf

der ganzen Welt verteilt waren. Wir gehen wieder auf die Straße! Wir treffen uns wieder! Was ein Spiel alles auslösen kann. Man konnte zum Beispiel ein seltenes Pokémon auf dem Euromast in Rotterdam finden und dort die ebenso leidenschaftliche Liebe seines Lebens treffen. Später stellte sich heraus, dass Google hinter dieser App steckte und dass andere Unternehmen Google dafür bezahlten, dass Leute in ihre Geschäfte kamen. Wir glauben also, dass wir uns entspannen können, indem wir alleine oder mit anderen ein Spiel spielen, aber in Wahrheit spielt man mit uns. Laut Glen Weyl sollte jeder Mensch durchschnittlich rund 1000 Euro im Monat von Google erhalten für all die Arbeit, die er leistet, so Wouter. Ohne es zu wissen, leisten wir unbezahlte Arbeit und das ist das Gegenteil von Nichtstun. »Das geht natürlich auch zulasten unserer Niksen-Zeit. Unser Gehirn kennt zwei verschiedene Modi: auf der einen Seite den Fokus und auf der anderen das Nichtstun. Wenn man ständig abgelenkt ist, sind die Modi nicht im Gleichgewicht. Die Datenökonomie führt dazu, dass unsere Aufmerksamkeit zum Rohstoff verkommt, und das führt dazu, dass wir uns weder fokussieren noch dem Müßiggang frönen. Aufmerksamkeit ist ein giftiger Cocktail. Es ist ein Milliardengeschäft entstanden, dessen Hauptziel es ist, die Aufmerksamkeit der Menschen abzulenken und sie unkonzentriert zu machen. Gleichzeitig führt die Struktur der Datenökonomie dazu, dass wir uns für sie abrackern. Wir nehmen Unternehmen wie etwa Amazon Arbeit ab, indem wir die Pakete, die sie verschicken, für unsere Nachbarn annehmen. Diese Unternehmen machen Riesenprofite mit der Auslagerung von Arbeiten, die andere mal schnell zwischendurch erledigen.«

Die Aufmerksamkeitsökonomie boomt. Die Unternehmen tun alles, um unsere Aufmerksamkeit zu fesseln. Sie verwenden sogar Methoden, die von Spielautomaten stammen. »Der Mechanismus, mit dem man Menschen süchtig macht, existiert bereits, seit es die Massenmedien gibt. Dabei geht es darum, mit packenden Schlagzeilen Aufmerksamkeit zu erregen und Gewohnheiten zu erzeugen, und das macht man, indem man eine Zeitung auf die Matte legt oder zu einer bestimmten Zeit eine bestimmte Fernsehsendung zeigt. Das gibt es schon lange. Nur in der digitalen Welt wurden diese Techniken weiter perfektioniert und waren noch nie so maßgeschneidert. Unternehmen wissen viel über uns, vor allem wenn wir unsere Datenschutzregler nicht benutzt haben: Es ist erschreckend zu sehen, was sie über die dunkleren Seiten unserer Psyche wissen – und darauf zielen sie ab.«

Es ist ein Milliardengeschäft entstanden, dessen Hauptziel es ist, die Aufmerksamkeit der Menschen abzulenken und sie unkonzentriert zu machen.

Was ist mit den Robotern, die bald unsere Arbeit übernehmen werden, sodass wir gar nicht mehr arbeiten müssen und einfach niksen können? »Menschen überschätzen systematisch, wie glücklich neue Technologien sie machen.« Daher lässt uns Wouter aus dem Traum erwachen. »Bei Tech-Unternehmen soll alles friktionslos sein, das ist das Zauberwort. Bei friktionslosem Bezahlen zum Beispiel wird der Einkauf, den man in einem Geschäft getätigt hat, automatisch mithilfe von Gesichtserkennung vom Konto abgebucht. Wenn man diesen Drang, diese Utopie weiterführt, dann bekommen wir etwas, was wir nicht wollen. In dem Animationsfilm *Wall-E,* in dem es um Roboter geht, schippert die Menschheit in einem Raumschiff durchs All. Die Leute fahren in schwebenden, automatisierten Liegestühlen herum, wobei Milchshakes über Strohhalmen friktionslos in ihre Kehlen gleiten. Die Menschen müssen nichts machen, haben personalisierte Unterhaltungssysteme. Im Grunde tun sie den ganzen Tag nichts. Dort ist alles friktionslos und das Nichtstun maximal, aber die Menschen sind nicht glücklicher. Oder wie das Sprichwort sagt: Ohne Reibung kein Glanz. Wir wollen immer etwas anderes als das, was wir haben. Und jetzt, wo unser Leben sehr schnell, effizient und innovativ ist, sehnen wir uns nach dem Leben zurück, in dem alles viel einfacher war.«

NIKSEN IN ANDEREN LÄNDERN

In den Niederlanden hatte Arbeit schon immer einen sehr hohen Stellenwert. Arbeit kann sogar die Identität eines Menschen prägen. Wer kennt nicht die obligatorische Frage an Geburtstagen: »Was machst du beruflich?« In allen Kulturen suchen Menschen nach der idealen Art von Entspannung. Das liegt daran, dass niemand genau weiß, was der Zweck unseres Zusammenseins auf dieser Erde eigentlich ist. Es ist ja schön, dass die Erde seit 4,5 Milliarden Jahren existiert und wir seit ein paar hunderttausend Jahren ein Teil davon sind, aber die Idee dahinter kennen wir nicht. Sind wir der letzte und viel zu junge Lebenspartner der hochbetagten Mutter Erde, deren Familie denkt: Himmel, er nimmt sie komplett aus, Erbe ade! Vielleicht kifft der Lebenspartner oder ist ein Borderliner! So zumindest vermuten die anderen Planeten. Eine wenig ehrenvolle Existenz, wie es scheint.

Wozu also das Ganze? Sagt nicht fast jeder am Ende seines Lebens: »Na ja, wenigstens habe ich mich nicht zu Tode geschuftet.« Der Konsens ist, dass jeder »das Beste daraus macht«, was bedeutet, nett zu seinen Mitmenschen zu sein, niemanden umzubringen (was manchmal eine ziemliche Herausforderung ist) und viel Liebe zu geben und zu empfangen.

Glücklich sein – ebenfalls ein großes Thema in unserer Gesellschaft. Weil das keine leichte Aufgabe ist, da uns unter anderem täglich andere Glücksuchende in die Quere kommen, müssen wir uns entschleunigen, Stress abbauen und unsere Nerven schonen. Nur so können wir vergessen, dass es uns nicht gelingt, jeden Tag auch nur einen einzigen Moment lang überglücklich zu sein. In jedem Land haben Menschen ihren eigenen Weg gefunden. In den Niederlanden soll es das Nichtstun werden – aber können wir vielleicht von anderen Ländern lernen?

Die Franzosen haben *laissez-faire*, also in etwa »machen/laufen lassen«. Der Begriff wird auch in der Wirtschaft verwendet und bedeutet, etwas dem Markt zu überlassen. Für den durchschnittlichen Urlauber heißt er eher, sich um nichts zu kümmern. Es klingt ein wenig nach Gleichgültigkeit: »Was juckt es mich, wenn es bei den Nachbarn brennt. Ist deren Sache, ich hab meine *Paris Match* und Madeleines, das genügt mir.« Zum Glück ist *laissez-faire* mehr eine Ausdrucksweise als eine Lebensart.

Sie leben vom Frühstück zum Mittagessen zum Abendessen.

Die Italiener haben *il dolce far niente* – und das ist eigentlich genau das, was das niederländische *niksen* sein sollte. Die mediterrane Sonne bringt nicht nur Wärme, sondern auch Weisheit. Denn von allen europäischen Völkern gelingt es den Italienern am besten, das Leben zu genießen. Zugegeben, sie haben Autoritätsprobleme und organisiertes Verbrechen, aber sei's drum. Auf

jeden Fall steht das Nichtstun in Italien hoch im Kurs. Oder wie der italienische Schauspieler Giuseppe Gandini in seiner Rolle als Kunde eines Friseursalons zu Julia Roberts in ihrer Rolle als glücksuchende, verrückte Amerikanerin in dem Film *Eat Pray Love* sagt: »Du fühlst dich schuldig, weil du eine Amerikanerin bist. Du weißt nicht, wie man Spaß hat. Ihr Amerikaner arbeitet viel zu hart und bekommt dann einen Burnout. Dann kommt ihr nach Hause und sitzt das ganze Wochenende im Pyjama vor dem Fernseher. Ihr könnt das Leben nicht genießen. Denn ihr wollt es euch verdienen. Aber das muss man einem Italiener nicht sagen.«

Jahrelang haben wir Idioten uns ein Beispiel an den Amerikanern mit ihren Erfolgen und 80-Stunden-Wochen genommen. Stattdessen hätten wir mehr italienische Filme schauen sollen, die uns »das süße Nichtstun« lehrten. Oder amerikanische Filme, die in Italien spielen, wie *Call me by your name,* der in einem Sommer spielt, der nicht zu enden scheint und

WEITERE FILME, DIE ALS BEISPIEL DIENEN KÖNNEN

• *The Big Lebowski* (1998)

Das Ganze klingt etwas klischeehaft: Jeffrey Lebowski, »Dude« genannt, verbringt die meiste Zeit auf einer Bowlingbahn. Er ist ein Schmarotzer, der lieber kifft, als zu arbeiten. Als man ihn mit einem Millionär gleichen Namens verwechselt, wird er in einen Entführungsfall (und einen verschwundenen Teppich) verwickelt. Ein großartiger Film über den Dude, der das Nichtstun zur Kunst erhoben hat.

• *Alles Routine* (1999)

Der überarbeitete Peter (Ron Livingston) leidet so sehr unter all den seltsamen Regeln in seinem Job, dass er beschließt, so lange sein Ding zu machen, bis er gefeuert wird. Der Schuss geht aber nach hinten los, da man ihn zum Teamleiter befördert. Dieser Film passt perfekt zum Thema Bullshit-Jobs.

• *Aanmodderfakker* (2014)

Der ewige Student Thijs schiebt eine ruhige Kugel in seinem langweiligen Job bei einem Medienunternehmen und drückt sich erfolgreich vor Verantwortung. Als er bei seiner erfolgreichen Schwester seine Wäsche waschen will, begegnet er einer sehr attraktiven Babysitterin.

in dem die Menschen den ganzen Tag nichts tun. Sie leben vom Frühstück zum Mittagessen zum Abendessen.

Sagt nicht fast jeder am Ende seines Lebens: »Na ja, wenigstens habe ich mich nicht zu Tode geschuftet«?

Sie seien Siesta-Weltmeister, sagen die Spanier. Die traurige Nachricht ist, dass die EU ihnen die Siesta nehmen wollte, da sich herausgestellt hatte, dass die Spanier ihre Siesta nicht mehr für ein Nickerchen nutzten, sondern um nichts zu tun. So starteten sie unausgeschlafen in die zweite Tageshälfte, was aber auf Dauer zu nationalem Schlafmangel führte. Jetzt, wo auch in den Niederlanden die Temperaturen steigen und das Niksen bald Allgemeingut sein wird, ist die Zeit reif für eine Siesta-Diskussion. Nicht alle sollten dazu verpflichtet werden, den Tag in zwei Teile zu hacken, zwischen denen sie ausgiebig speisen und eine Runde schlafen können, aber die Option sollte jeder doch wenigstens haben. Denn es gilt als erwiesen, dass der Schwerpunkt der täglichen Nahrungsaufnahme nicht auf dem Abend liegen sollte. Besser ist die Hauptmahlzeit in der Mittagszeit und abends leichtere Kost.

Die Skandinavier haben die Welt in den letzten Jahren mit ihren Lifestyle-Trends geflutet: *lykke* (einfach glücklich), *hygge* (Gemütlichkeit), *lagom* (zufrieden sein mit dem, was man hat). Wunderbar, aber mit Nichtstun hat das alles rein gar nichts zu tun. Wie bereits erwähnt: Nichtstun hat kein Ziel. In seinem Buch *Eiland* schrieb Aldous Huxley über Vögel, die darauf trainiert wurden, um eine Insel herum zu fliegen und »Hier und jetzt« zu rufen, damit den Menschen wieder bewusst würde, dass sie im Hier und Jetzt leben sollten. Denn ehe man sich's versieht, regt man sich wieder auf über ein Dossier im Büro, eine blöde Bemerkung vom Metzger oder den Ausgang irgendeiner Promishow. Irgendetwas gibt es immer. Der einzige skandinavische Trend, der eine gewisse Ähnlichkeit mit dem Niksen aufweist, ist das finnische Phänomen *kalsarikänni*: in Unterwäsche und mit einem Drink auf dem Sofa chillen. Das kommt schon ziemlich nah ran. Nur kommt das Niksen ganz gut ohne Drinks aus, und mehr Kleidung ist auch erlaubt, aber kein Muss. Nackt ist nicht immer besser.

Und die Briten? Von der Insel kommt *aristocratic idleness*, der aristokratische Müßiggang, der nicht mit Faulheit zu verwechseln ist, denn er ist mehr als das. Das Wort »idleness« impliziert auch das Wissen um die Sinnlosigkeit des Daseins. Nach dieser Vorstellung zu leben, ist für Aristokraten schon deshalb leichter, weil sie dafür reichlich Zeit und Geld haben. Normalsterbliche können sich nicht dem Müßiggang hingeben und das Leben genießen, weil sie eine Hypothek oder andere Geldsorgen haben. Nur Aristokraten können sich das Nichtstun leisten und erfinden die verrücktesten Arten von Zeitvertreib.

Der einzige skandinavische Trend, der eine gewisse Ähnlichkeit mit dem Niksen aufweist, ist das finnische Phänomen *Kalsarikänni*: in Unterwäsche und mit einem Drink auf dem Sofa chillen.

WALDBADEN in JAPAN

Wir lassen einige Länder aus und sehen uns Japan an. Die Japaner haben verschiedene Spielarten des Chillens. Eine davon ist *shinrin-yoku*, zu Deutsch etwa »Waldbaden«. Die Idee dahinter ist, in die Natur, vorzugsweise in einen Wald, einzutauchen. Das ist natürlich nicht wörtlich zu verstehen, denn wie bekäme man sein Badewasser richtig temperiert, sondern bildlich. Wichtig bei dem Streifzug durch die Natur ist es, alle fünf Sinne einzusetzen: Sehen, Riechen, Hören, Schmecken und Tasten. Dies soll einen besseren Schlaf fördern, Stress abbauen und das Immunsystem stärken. Gerade Städter vergessen gerne mal, dass es die Natur gibt und dass gelegentliche Spaziergänge in der Natur sehr gesund sind.

Japan hat aber noch mehr in petto, denn von dort kommt auch *chōwa*, eine Philosophie über das Leben in Balance. Wer schon einmal in Japan war, weiß, dass es überall mucksmäuschenstill ist. Die Straßen von Tokio sind zwar voll, aber dennoch hört man es, wenn jemand in sechs Metern Entfernung hustet. An den Bahnhöfen warten die Menschen ruhig in der Schlange, bis sie in den Zug einsteigen dürfen – welch ein Kontrast zur Hektik und zum Gejohle an niederländischen Bahnhöfen, wo man immer irgendetwas hört.

Ein weiteres Beispiel: Dass Japaner nach einem Fußballspiel oder Ähnlichem ihren Dreck wegräumen, finden wir Niederländer so bemerkenswert, dass uns das jedes Mal eine Nachricht wert ist: Was, die stecken ihren eigenen Dreck in mitgebrachte Plastiktüten? Was ist da los? Chōwa: Balance. Wegräumen und möglichst wenig irdischen Besitz begehren – das ist sehr wichtig für die Aufrechterhaltung des Gleichgewichts. Wiederverwendung bedeutet auch Balance: eine neue Verwendung für Genutztes finden. Nicht nur zu Hause, sondern auch außerhalb.

Hier folgt ein Ausschnitt aus einer bemerkenswerten Meldung des *Jeugdjournaal*, einer niederländischen Nachrichtensendung für Kinder: »Eine liebenswerte Aktion der japanischen Fußballnationalmannschaft. Gestern unterlag sie Belgien in allerletzter Minute mit 3:2. Die Spieler waren sehr enttäuscht, beschlossen dennoch, alles aufzuräumen.« Trotz der Niederlage. Für Niederländer undenkbar. Erst recht, wenn sie verloren haben. Dann darf man eher froh sein, wenn nicht links und rechts etwas zu Bruch gehen.

Japan hat aber noch mehr in petto, denn von dort kommt auch chōwa, eine Philosophie über das Leben in Balance.

Und dann schenken die Japaner uns auch noch *ikigai*: ein Modell, das uns dabei hilft, den Sinn des Lebens zu finden. Der eigene *ikigai* liegt dort, wo sich die vier Kreise treffen: was man liebt, worin man gut ist, was die Welt braucht und wofür man bezahlt werden kann. Das führt natürlich schnell zu Sex, aber dann lautet die Frage nicht, ob man dafür bezahlt werden *kann*, sondern *will*. Nein, es geht also darum, den Sinn des Lebens zu finden, etwas, das als unerschöpfliche Quelle der Lebenslust gelten kann. So unerschöpflich, dass man nicht in Rente gehen möchte. Dass es funktioniert, beweisen die Japaner, denn sie werden uralt! *Ikigai* dreht sich darum, das Glück zu suchen und zu finden. Das ist ein sehr schönes Ziel, aber ... es dient eben einem Zweck. Wer endlich seine Nische gefunden hat, wo er ganz und gar hingehört, wo er zu Hause ist und sich mit sich selbst wohlfühlt, geerdet und in Kontakt mit seinen Gefühlen ist, wird immer wieder Momente erleben, in denen er sich nicht so gut fühlt. Und das ist etwas, das man nicht einfach hinnehmen sollte.

Wer zur Ruhe kommen will, sollte nach Japan auswandern. Seien wir doch mal ehrlich, Japan hat einfach alles: Ruhe, boomende Wirtschaft, Kunst, Design, Hentai und die Fähigkeit, im Gleichgewicht durch den Wald zu gehen – und *ikigai*, Wabi-Sabi, Sushi und eine ultrahohe Lebenserwartung. Es stimmt, wir können viel von den Japanern lernen (Lesetipp: *Ikigai – die Kunst, zufrieden zu sein* von Erin Niimi Longhurst). Dafür ist auch dieses Kapitel gedacht. Aber wer dorthin umzieht, stülpt sich ja nicht einfach die dortige Kultur über. Immer wieder wird er auch feststellen, dass die Japaner in manchen Dingen sehr

UKIYO

[u-key-yo] •JAPANISCH•

(D) Lebe im Moment und losgelöst von den alltäglichen Sorgen schlecht sind. Zum Beispiel fällt es ihnen schwer, über Gefühle zu reden. Oder weniger freundlich zu reagieren, wenn jemand ein Gesetz missachtet, dessen Existenz er nicht kannte. Das alles haben wir aus der Fernsehsendung *Ik vertrek* (das niederländische *Goodbye Deutschland*). Außerdem nimmt man sich selbst auch immer mit. Besser ist es, *shakunka* anzuwenden: das Erlernen neuer Gewohnheiten.

> Aber wer dorthin umzieht, stülpt sich ja nicht einfach die dortige Kultur über. Immer wieder wird er auch feststellen, dass die Japaner in manchen Dingen sehr schlecht sind. Zum Beispiel fällt es ihnen schwer, über Gefühle zu reden.

In diesem Kapitel hätten wir genauso gut den Buddhismus als Beispiel nehmen können, denn diese Religion kennt unzählige Gründe für das Niksen, aber auch für das Loslassen von Ärgernissen. Auch schön: der Weiß-Nicht-Geist, der angeblich aus Korea stammt. Beschrieben hat ihn Zen-Meister Seung Sahn, den wir vom Achtsamkeitsmeister Jon Kabat-Zinn kennen und der einst bei diesem in die Lehre ging. Der Weiß-Nicht-Geist bedeutet, dass man alles, was man weiß, ausschaltet und man kein Bewusstsein von seiner Umgebung, von Worten, von sich selbst hat, sondern nur eins ist mit dem Universum. Das ist extrem schwer und somit nichts für einen ungeübten Geist. Der Zen-Meister machte einige interessante Beobachtungen wie etwa: »Denken ist Begehren und Begehren ist Leiden.« Er widerlegte sogar Descartes' berühmtes Motto: »Ich denke, also bin ich.« Denn angenommen, man würde nicht denken, was dann? Laut Sahn ist Denken ein Gefängnis. »Wenn man seine Meinung, seine Umstände, seine Situation verschwinden lässt, kann eine schwierige Situation erträglich werden. Der Schall trägt weiter, der Geist bewegt sich nicht. Wenn man also etwas tut, dann muss man es tun. Das ist Zen.«

Wenn du dich nicht in den Zen-Buddhismus vertiefen möchtest, kannst du immer noch etwas mit der Weiß-Nicht-Idee anfangen. Wenn du zum Beispiel im Zug jemandem gegenübersitzt, der sich gerade sehr stark herausputzt und penetrante Gerüche von Haarspray und Nagellack verteilt, kannst du völlig irritiert denken: »Mach das doch zu Hause, verdammt noch mal!« Das wäre zwar eine logische Reaktion, aber keine im Sinne des Zen. Du könntest aber auch denken: »Weiß nicht. Vielleicht ist dieser Mensch unterwegs zum Vorstellungsgespräch seines Lebens, seine ganze Zukunft hängt davon ab und er wohnt mit 16 Mitbewohnern in einem Haus und es war kein Bad frei, trotz mehrerer im Gebäude verteilter Zettel, und er konnte nicht mit seiner Aufregung umgehen, usw.« Wie hilft dir das beim Niksen? Da du nichts genau weißt, kannst du viele Ärgernisse einfach loswerden, dich ruhig hinsetzen und nach vorne sehen.

Überall auf der Welt versuchen die Menschen, das Leben mehr zu genießen, und wir können nur von ihnen lernen. Kein Land besteht aus lauter Faulenzern, dafür ist der Druck, etwas aus dem eigenen Leben zu machen, zu groß. Doch überall und zu jeder Zeit finden die Menschen Mittel und Wege, um die schönen Seiten des Lebens noch ein wenig mehr zu genießen. »Mit 15 Jahren beschloss ich, mich der Bildung zu widmen. Mit 30 stand ich fest im Leben. Mit 40 ließ ich mich nicht mehr in die Irre führen. Mit 50 verstand ich den Willen des Himmels. Mit 60 schenkte ich auch der entgegengesetzten Meinung Gehör. Und mit 70 konnte ich nach Herzenslust handeln, ohne den Willen des Himmels zu verletzen.« Diese Aussage könnte man vielleicht im Zug aufschnappen, sie stammt aber in Wahrheit von Konfuzius (551–479 v. C).

KREATIVITÄT

Der Hype um den Lebensgenuss nimmt seit ein paar Jahren deutlich zu. Es ist eine ganze Glücksindustrie entstanden, die sich jedoch hauptsächlich um Ziele dreht, die erreicht werden müssen. Und genau das ist unser Problem: immer etwas erreichen zu müssen. Unser Gehirn noch intelligenter, besser, schneller zu nutzen. Noch glücklicher zu werden. »Lebe dein bestes Leben« ist ein schöner Slogan, erzeugt aber auch einen gewissen Druck, denn es beinhaltet die Aufforderung: »Führe ein großartiges und berauschendes Leben.« Und wenn man sich dann zum dritten Mal in seinem Leben alle Folgen von *Friends* reinzieht, fühlt man sich ein wenig schuldig, weil man nicht das Beste aus seinem Leben gemacht hat.

Am Anfang dieses Kapitels haben wir beschrieben, dass wir in jenem Schlaraffenland leben, von dem die Menschen im Mittelalter geträumt haben, nur um für einen Moment den Hunger und die Pest zu vergessen. Wir haben genug zu essen (und das rund um die Uhr), wir müssen nicht mehr 80 Stunden pro Woche in der Kälte schuften, und wir haben Apps für Sex. Vielleicht liegt die Antwort auf die Frage, warum es so schwer ist, einfach wie eine Katze herumzuliegen, in unserer Gesellschaft, in unserer Umwelt. Denn wer den Kopf frei hat, kann mit einem Lächeln aus der Tür gehen. Stattdessen kommen andere Menschen mit ihren To-do-Listen auf uns zu: #liveyourbestlife. Wir können uns nicht mal einen Moment Zeit zum Nichtstun nehmen, ohne das Gefühl zu bekommen, dass unser Dasein auf der Erde völlig sinnlos ist. Wir brauchen aber keinen Grund, um Zeit mit Niksen zu verbringen. Es geht darum, all die stressauslösenden, modernen Optimierungsbestrebungen loszulassen. Nichtstun muss nirgendwo hinführen.

Große Probleme lassen sich nicht lösen, indem man sie eine Zeit lang ignoriert. Das versuchen viele. Wer dies konsequent betreibt, wird sich in Behandlung begeben müssen, weil er irgendwann zu viele ungelöste Probleme mit sich herumschleppt. Da die Gesellschaft aber noch nicht bereit zu sein scheint für eine völlige Akzeptanz des ziellosen Nichtstuns, führen wir noch einige zusätzliche Vorteile an. Hoffentlich motivieren sie dich, ab und zu in die Ferne zu starren!

Kein Kreativer, wie brillant er auch sein mag, kann 24 Stunden am Tag genial sein.

Sich nicht einzumischen und den Dingen ihren Lauf zu lassen funktioniert manchmal wunderbar. Wie bei allem im Leben geht es auch bei Kreativität um Balance. Manchmal hat man beim Nichtstun die genialsten Einfälle. Beispielsweise kam J. K. Rowling die Idee zu *Harry Potter*, als sie in einem überfüllten Zug in die Ferne sah. Sie geriet in Stress, weil sie weder Stift noch Papier zur Hand hatte, aber die Fahrt ermöglichte es ihr, stundenlang über jene Schule zu sinnieren, in der Hexen und Zauberer in sieben Fächern unterrichtet werden sollten.

»Nichtstun
ist die allerschwierigste
Beschäftigung und
zugleich diejenige, die
am meisten Geist
voraussetzt.«

oscar wilde

»Nichtstun ist die allerschwierigste Beschäftigung und zugleich diejenige, die am meisten Geist voraussetzt.«

Oscar Wilde

Niksen kann Kreativen weiterhelfen, sie aber auch in Verruf bringen. Künstler haben ohnehin oft mit dem Ruf zu kämpfen, Schnorrer zu sein und dem Staat auf der Tasche zu liegen, was natürlich bildlich gemeint ist. Nicht wörtlich, denn solche »Künstler« würden nur einmal im Monat ihren faulen Hintern erheben, um einen Strich auf etwas zu malen, dem sie den Titel *one line, no cross* oder *untitled 243545* geben würden. Dagegen ist die Arbeit echter Künstler einfach nur hart. Allein dieses Geredes Herr zu werden, ist schon schwer genug. Ganz zu schweigen davon, wie man überhaupt zu Kreativität gelangt. Kein Kreativer, wie brillant er auch sein mag, kann 24 Stunden am Tag genial sein. Es gibt auch Momente, in denen ihm nicht mal der Name seines unbeliebtesten Onkels einfällt. Und dann gibt es jene, in denen er denkt: »Bin ich überhaupt gut genug?«

»Vermeide Spannung. Einfach die Gedanken fließen lassen, dann kommen die Ideen wie von selbst.« Das ist das Schöne des Nichtstuns in Kurzfassung.

2009, drei Jahre nach ihrem Mega-Bestseller *Eat Pray Love* hielt die Autorin Elizabeth Gilbert einen Vortrag über den Druck, den Menschen mit der Frage bei ihr auslösten, ob sie denn keine Angst habe, mit dem nächsten Buch grandios zu scheitern, weil sie nie an ihren ersten Erfolg anknüpfen könne und anschließend dahinsiechen würde. Und dass sie sich dann selbst hassen und letzten Endes an ihrer eigenen Kotze ersticken würde. Sie erkannte diese Angst sofort und führte sie auf das eigene Ego zurück. Sie erzählte, dass man bis zur Renaissance dachte, dass Künstler immer von einem »kreativen Geist«

begleitet wurden. Einer äußeren Kraft, die ihnen kreative Eingebungen schenkte. So ging ihr Erfolg oder Misserfolg nicht nur auf ihre eigene Kappe. Doch als dann der Individualismus hip wurde und die Idee des externen Geistes verschwand, wurde der Künstler/Wissenschaftler plötzlich selbst zum Genie. Gilbert hält den besagten Druck schlichtweg für zu groß und plädiert für eine Renaissance der Idee der äußeren Kraft.

Und wenn man sich dann zum dritten Mal in seinem Leben alle Folgen von *Friends* reinzieht, fühlt man sich ein wenig schuldig, weil man nicht das Beste aus seinem Leben gemacht hat.

Monthy-Python-Ikone John Cleese hat viel über Kreativität gelesen, geschrieben und gesprochen und darüber, woher Kreativität überhaupt kommt. 2014 sagte er in der niederländischen Fernsehshow *College Tour*, dass Kreativität auf den Geisteszustand einer Person ankomme. »Wichtig ist, in einen lockeren, entspannten Geisteszustand zu geraten. Entspannung ist das Wichtigste. Nur wer entspannt ist, hört, was das Unterbewusstsein einem zuflüstert«, so Cleese. Dieses Unterbewusstsein könnte auch das »Genie« sein, das Gilbert beschreibt. Cleese glaubt, dass die Menschen heute deutlich weniger kreativ sind, weil »niemand mehr die nötige Ruhe hat«. Man sei den ganzen Tag abgelenkt und mache tausend Dinge auf einmal. Wir haben das Internet, das es uns ermöglicht, an tausend Orten gleichzeitig zu sein: bei einem Date in einem Café mit Wein und Käseplatte, oder vielleicht beim Whatsappen mit einer Freundin in einer Beziehungskrise oder mit dem eigenen Vater, der Angst vor der Rente hat. Ablenkung und Spannung sind tödlich für die Kreativität. Cleese findet: »Man muss in seinem eigenen Kokon sein. Man schließt die Tür oder sitzt im Park, einfach nur so. 20 Minuten lang passiert nichts, dann denkt man an das, was man zu tun hat: Menschen, die man noch anrufen muss – sofort notieren. Nach 20 Minuten kommt der Geist zur Ruhe, wie beim Meditieren. Dann fängt man an, über das Thema nachzudenken. Unverkrampft. Vermeide Spannung. Einfach die Gedanken fließen lassen, dann kommen die Ideen wie von selbst.« Das ist das Schöne des Nichtstuns in Kurzfassung.

Kreativität kommt nicht auf Knopfdruck, aber du kannst einen Moment kreieren, in dem du versuchst, alles loszulassen, alle Gedanken fließen zu lassen und wichtige Gedanken oder Punkte in die To-do-Liste für den praktischen Teil des Tages einzutragen.

GEFEIERTE NIKSER

Ein wenig herumwursteln oder *aankutten* – ein weiteres schönes niederländisches Wort, das sich nicht übersetzen lässt –, kann durchaus zu Kreativität führen. Das behaupten nicht nur Neurologen, sondern auch Künstler. Und für alle, die Listen lieben, folgt hier eine Liste berühmter Nikser!

- **Salvador Dalí: Erhob das Nickerchen zur Kunst.**
- **Leonardo Da Vinci: Fand, dass man nicht zu viel arbeiten sollte.**
- **Federico Fellini: Hing viel ab.**
- **Gustav Mahler: Lief endlos im Kreis herum.**
- **Gertrude Stein: Ging auf die Suche nach Kühen, die sie beobachten konnte.**
- **Dolly Parton: Dollyismen für das persönliche Lebensglück. »Don't get so busy making a living that you forget to make a life.«**

INSPIRATION

Manchmal fehlt die Inspiration dafür, was man essen soll oder für die politische Partei, die man gründen will. Man weiß es einfach nicht. Was sind die Trends, was passiert gerade ringsum? Könnte man damit etwas anfangen? Alles Fragen, die einen fertigmachen. Und man denkt: Uff, keine Ahnung. Erstmal eine kalte Dusche. Und dann – ganz plötzlich – weiß man es: Pasta alla puttanesca! Diese überraschende Kombination aus Sardellen, Oliven und Kapern in einem warmen Bad aus pürierten Tomaten, das ist es! Aber so plötzlich kam die zündende Idee eigentlich gar nicht. Sie schlummerte schon seit Wochen im Kopf. Aber erst wenn man eine Pause einlegt, stellt das Gehirn unverhofft eine verrückte Verbindung her – eine, die überhaupt nicht logisch erscheint, es dann aber doch ist. Dazu braucht es viel Zeit und viel Ruhe.

ENTFOKUSSIEREN

Der amerikanische Psychiater Srini Pillay ist ein großer Verfechter des Nichtstuns über den Tag verteilt. Den ganzen Tag nur zu grübeln ist sinnlos, manchmal muss man »entfokussieren«. In seinem Buch *Tinker Dabble Doodle Try* schreibt er, dass die Leute nicht sofort von den Stühlen springen, wenn er ihnen sagt, sie sollten sich entfokussieren. »Sie glauben, es bedeutet, die Messlatte etwas tiefer zu legen oder einfach nur ein wenig herumzuwursteln. Sie wollen aber keine Dilettanten werden (oder bleiben), sondern produktiv sein und Probleme lösen. Wenn ich von Herumkritzeln, Tagträumen, Tüfteln und Ausprobieren rede, ist die Reaktion oftmals ähnlich.« In den Niederlanden gibt es den Spruch *»Twaalf ambachten, dertien ongelukken«* (Vielerlei Gewerbe, kein Erbe). Er beschreibt die Angst davor, alles Mögliche anzufangen, aber nichts zu Ende zu führen. Dennoch wäre Niksen gut für uns, sagt Pillay. In seinem Buch gibt er uns verschiedene Formen des Entfokussierens an die Hand, wie etwa Sinnieren über spontane Gedanken, Selbstgespräche führen oder Tagträumereien nachgehen. Richtig geraten: Das alles sind typische Niksen-Aktivitäten.

Den ganzen Tag nur zu grübeln ist sinnlos, manchmal muss man »entfokussieren«.

Pillay schreibt auch häufig über das *Default Mode Network* – kurz DFM oder Ruhezustandsnetzwerk – in unserem Gehirn, den Teil, der (ziemlich) aktiv ist, wenn wir nichts tun. Lange Zeit dachten Wissenschaftler, dass sich dort wenig ereignet, aber inzwischen weiß man, wie wichtig das DFM ist, auch in Bezug auf psychische Störungen und schlimme Krankheiten wie Alzheimer. Es geht darum, Verbindungen herzustellen, sprich Kreativität. Du kannst dein DFM trainieren, indem du dir zwischen zwei Dingen in einem Raum Verbindungen ausdenkst. Aber du kannst auch einfach herumkritzeln, also komplett gedankenverloren kleine Zeichnungen anfertigen.

PROKRASTINATION

Die Zeit, in der du in der Arbeit nicht das tust, was du tun solltest, eignet sich perfekt zum Nichtstun. Prokrastination oder Aufschieben ist ein viel diskutiertes »Problem« der Menschheit. Du sollst bis morgen früh eine Präsentation anfertigen, aber plötzlich wird Zeit zu einem sehr dehnbaren Begriff. Da fällt dir nämlich ein, dass du in der Schulzeit nachts sehr kreativ warst.

Oder du denkst: Wenn ich den Wecker auf 4 Uhr morgens stelle, habe ich noch fünf ganze Stunden Zeit für die Fertigstellung der Präsentation!

Prokrastination – wie kannst du sie für dich selbst nutzen, ohne dich dafür zu hassen? Prokrastinieren gilt gemeinhin als etwas Negatives, etwas, das nur faule Menschen tun. Man könnte es aber auch so sehen, dass man einfach noch nicht bereit ist, etwas zu tun. Auch wenn es wunderbar ist, etwas von der To-do-Liste zu streichen, schwören manche Menschen gar auf Prokrastination, wie etwa die Schauspielerin und Autorin Jennifer Saunders. Anlässlich des Films *Absolutely Fabulous,* für den sie das Drehbuch schrieb und dessen Fertigstellung sich Jahre hinzog, erzählte sie, dass sie Prokrastination brauche, um kreativ zu sein. Um gute Ideen auszuarbeiten und schlechte zu verwerfen, widme sie sich lieber der Gartenarbeit, anstatt am Drehbuch zu arbeiten. Prokrastination kann natürlich auch eine faule Ausrede dafür sein, dass ihr Skript erst in allerletzter Minute fertig geworden ist.

Aufschieberitis ist ja ein weit verbreitetes Phänomen, über das schon viel geschrieben wurde. Wer sie hat, will sie meist gerne loswerden. Sie kann wirklich sehr lästig sein, etwa bei der Einhaltung von Deadlines. Über Victor Hugo wird gesagt, dass er sich selbst dazu zwang, sein Buch fertigzuschreiben, indem er all seine Kleider verstecken ließ, sodass er das Haus nicht verlassen konnte. Die namhafte niederländische Schriftstellerin Annie M. G. Schmidt fing hingegen immer im allerletzten Moment vor der Deadline an. Gustave Flaubert brach beim Schreiben von *Madame Bovary* zusammen. »Zuweilen, wenn ich mich leer fühle, wenn die Worte nicht kommen, wenn ich feststelle, dass ich keinen einzigen Satz zu Papier gebracht und nur Seiten vollgekritzelt habe, dann falle ich auf mein Sofa, liege benommen da, stecke fest in einem Morast der Verzweiflung, voller Selbsthass, und gebe mir selbst die Schuld für diesen wahnsinnigen Hochmut, der mich nach einem Traumbild sehnen lässt. 15 Minuten später ist alles anders und mein Herz schlägt wieder voller Freude.«

Hier sehen wir, welche Wirkung das Niksen haben kann. All die schrecklichen Gedanken über sich selbst, die Verzweiflung, die Versagensangst, sie müssen irgendwo hin.

SCHNORRER

In der Literatur gibt es weltberühmte Faulpelze, von denen Ilja Iljitsch Oblomow vielleicht der berühmteste ist. Ilja ist die Hauptfigur in *Oblomov*, dem Buch des russischen Schriftstellers Iwan Gontscharow aus dem Jahr 1859. Ilja will nicht unbedingt nichts tun, aber er kann einfach nicht aufstehen. Manchmal gelingt es ihm, aber dann passt ihm das Leben nicht und er legt sich wieder ins Bett. Stellt sich die Frage: Ist Ilja faul oder depressiv? Mit dem Faulpelz haben wir kein Mitleid. Der braucht einen Tritt in den Hintern und gehört auf die Straße geschickt. Mit depressiven Menschen haben wir immer mehr Empathie, weil wir anfangen zu verstehen, dass sich nicht jeder gleich von unlösbaren Fragen löst wie: Wozu ist dieses Leben gut?

Wie schmal der Grat zwischen Müßiggang und Faulheit ist, zeigte der niederländische Schriftsteller Nescio 1911 mit seiner Erzählung »De Uitvreter«. Es geht um Japi, einen Mann, der ein Bohemien sein will. Das Wort, das als Bezeichnung für die Roma aus Böhmen entstand, wurde im 19. Jahrhundert von einer Gruppe vornehmer Franzosen geprägt, die das Laissez-faire-Leben leben wollten: sorglos, einfach nur das tun, wozu man Lust hat. Japi lebt von der Gnade anderer: von dem, was sie wegwerfen, aber auch von ihrer Güte. Japi macht nicht nur ab und an nichts, er macht rein gar nichts. »Verlöschen« wollte er. Sodass Hunger und Erschöpfung, Kälte und Nässe, seine großen Feinde, ihm nichts mehr anhaben könnten. Stattdessen musste er essen und schlafen, suchte Schutz vor der Kälte, wurde nass und fühlte sich elend oder müde. Wäre er doch bloß Wasser, denn das wiegt sich und lässt die Wolken spiegeln, ist immer anders, aber bleibt doch immer gleich. Braucht sich um nichts Sorgen zu machen.« Er kann nicht auf natürliche Weise sterben, muss trotzdem arbeiten, was ihn völlig fertigmacht.

PRAKTISCHE TIPPS

Ablenkung widerstehen

Wenn dein Kopf voller Mist ist, über den du lieber nicht nachdenken willst, weil du das Gefühl hast, verrückt zu werden oder einen Burnout zu bekommen, fällst du vielleicht der Ablenkung zum Opfer.

• Das Smartphone ausschalten

Wir leben in einer Zeit, in der wir immer mehr Multitasking betreiben, was dazu führt, dass wir uns in einem Zustand permanenter Hyperaktivität befinden. Ein Handy ist eine Quelle diverser Ablenkungen, wie dienstliche E-Mails, die man beim Abendessen schnell beantworten muss – der Mist endet nie –, denn schließlich will man für die übernommene Verantwortung nicht zur Rechenschaft gezogen werden. Einige Berufe sind dafür anfälliger als andere, aber jeder kann abends oder im Urlaub mal eine E-Mail mit einer schlechten Beurteilung erhalten. Die Folge: Ein neuer Grund zum Grübeln, sodass man wieder nicht zum Niksen kommt. Deshalb: Einfach das Gerät während des Nichtstuns auf Flugmodus stellen.

• Ein Meerschweinchen anschaffen

Oder ein anderes kuscheliges nachtaktives Tier. Oder eine Katze. Solange es ein ruhiges Tier ist, das am liebsten nur auf der faulen Haut liegt oder tagsüber schläft und nachts aktiv ist. Oder eines, das du gerne beobachtest, wie eben ein Meerschweinchen. Vorausgesetzt, dass dessen Schlafplatz weit von deinem Bett entfernt ist, damit du nachts nicht eventuell gestört wirst.

Genau genommen ist das Streicheln von Haustieren nicht Niksen, denn streicheln ist eine Aktivität: Du schenkst einem anderen Lebewesen Aufmerksamkeit. Aber es kann sehr nützlich sein, um zur Ruhe zu kommen. Für den, dem es gar nicht gelingt, einfach mal ruhig sitzen zu bleiben, folgender Hinweis: Ein Meerschweinchen oder ein anderes

Tier muss versorgt werden. Ist es nicht egoistisch, sich ein Tier nur zur eigenen Bespaßung zuzulegen? Ähm, wozu sonst, lautet die Gegenfrage? Welcher Grund wäre nicht zu 100 Prozent egoistisch? Vielleicht ein Tier aus dem Tierheim, aber auch dann stehen die eigenen Interessen an erster Stelle. Wir haben noch niemanden getroffen, der kein Meerschweinchen wollte, aber es dennoch nahm, weil es sonst so traurig wäre. Und der anschließend sein eigenes Glück aufgegeben hätte, nur um dem Meerschweinchen ein besseres Leben zu ermöglichen. Aber das ist eine andere Diskussion. Jetzt geht es darum, das Nichtstun zu erlernen.

• Nichtstun an deinem Lieblingsort

Wie bereits erwähnt, setzt Niksen voraus, dass du den Kopf freihast. Dabei ist es hilfreich, zu Hause einen Platz zu kreieren, auf den du stolz bist. Etwa dort, wo du eigenhändig ein Regal an die Wand geschraubt hast oder wo eine Pflanze steht, die selbst drei Jahre nach der Anschaffung noch lebt. Dies sind positive Quellen für den Müßiggang. Es geht aber natürlich auch, wenn jemand anderes das Regal aufgestellt hat. Ein solcher Platz ist der ideale Ort zum Abtauchen in eine Traumwelt.

• Ein noch praktischerer Tipp

Vor dem Niksen solltest du deine Grundbedürfnisse befriedigt haben: Warst du auf der Toilette, hast du etwas gegessen oder hast du leckeres Essen zu Hause und, noch wichtiger, hast du bequeme Klamotten an? Niksen mit einem eng anliegenden Hosengürtel, der die Eingeweide einschnürt, ist unangenehm. Niksen gelingt am besten dort, wo es nicht zu kalt, aber auch nicht zu warm ist.

Wer sich mit Niksen extrem schwertut, sollte am besten an einem regnerischen Tag starten. Dann ist es gefühlt weniger schlimm, auf dem Sofa herumzulungern, anstatt mit dem Fahrrad zum Baumarkt zu fahren, um Material für die Renovierung der Dachterrasse zu besorgen.

ZUM SCHLUSS

Alle Erkenntnisse scheinen in eine Richtung zu zeigen: Immer mit der Ruhe. Wir wirken, als kämen wir gerade aus einem Fahrgeschäft der Superlative, stapfen völlig fertig aus dem sich ständig drehenden technologischen Rad und brauchen etwas Zuckerwatte, um den Blutzuckerspiegel wieder hochzufahren. Seit Menschengedenken basteln Menschen an einem Leben, in dem sie alles, was künstlich erzeugt wurde, genießen können. Man könnte sogar behaupten, die Erde selbst braucht etwas weniger Hektik.

Wir sind auf dem besten Weg, ein Land zu werden, in dem das glorreiche Nichtstun geschätzt wird. Weg von dem Vorwurf »Was sitzt du denn da rum?«, hin zur Aufmunterung: »Na, mal wieder herrlich am Niksen?«

Wir leben den Traum, den die Menschen im Mittelalter träumten, und der immer besser zu werden scheint. Die Wirtschaft erlebt einen Wandel, und dank des technologischen Fortschritts muss man für nichts mehr das Haus verlassen. Und wer rausgehen will, etwa um frische Luft zu schnappen, kann alles »friktionslos« mitnehmen und organisieren. In diesem Szenario gehen wir davon aus, dass sich die Regierungschefs nicht gegenseitig in die Haare kriegen und dass die Macht nicht in Händen von Bösewichten liegt. Man weiß nie, wann es so weit sein wird, und bis dahin lernen wir, den Müßiggang zu genießen.

Während unserer Recherchen, der Interviews und Gespräche untereinander und mit anderen über dieses Thema dachten wir oft: Wie kann es sein, dass wir nicht in der Lage sind, einen Gang runterzuschalten? Wieso denken wir immer, dass alles im materiellen Sinne noch besser, schneller und schöner werden muss? Und warum streben wir danach, dies auch tatsächlich zu erreichen?

Wir sind auf dem besten Weg, ein Land zu werden, in dem das glorreiche Nichtstun geschätzt wird. Weg von dem Vorwurf »Was sitzt du denn da herum?«, hin zur Aufmunterung: »Na, mal wieder herrlich am Niksen?« Oder wenn man in lauter Unterhaltung an einer Gruppe von Müßiggängern vorbeigeht und dabei von einem anderen Passanten ermahnt wird: »Psssst, die sind gerade beim Nichtstun!«

Wirf dieses Buch jetzt ruhig in eine Ecke, damit du endlich zum Fenster hinausstarren kannst.

Bibliografische Information der Deutschen Nationalbibliothek
Die Deutsche Nationalbibliothek verzeichnet diese Publikation in der Deutschen Nationalbibliografie.
Detaillierte bibliografische Daten sind im Internet über http://d-nb.de abrufbar.

Für Fragen und Anregungen
info@mvg-verlag.de

Wichtiger Hinweis
Die gewählte männliche Form bezieht sich immer zugleich auf weibliche, männliche und diverse Personen. Auf konsequente Doppelbezeichnung wurde aufgrund besserer Lesbarkeit verzichtet.

1. Auflage 2021

Türkenstraße 89
80799 München
Tel.: 089 651285-0
Fax: 089 652096

Die niederländische Originalausgabe erschien 2020 bei Spectrum unter dem Titel *Niksen*.
Original title: Niksen. Lang leve het lanterfanten. Translated from the Dutch language
www.unieboekspectrum.nl

Übersetzung: Gerrit ten Bloemendal
Redaktion: Desirée Šimeg
Umschlaggestaltung: Catharina Aydemir, basierend auf der Gestaltung von Joyce Zethof
Layout: Joyce Zethof
Illustrationen Umschlag und Innenteil: Lona Aalders
Satz: Müjde Puzziferri, MP Medien, München
Druck: Florjancic, Tisk d.o.o., Slowenien
Printed in the EU

ISBN Print 978-3-7474-0387-7
ISBN E-Book (PDF) 978-3-96121-775-5
ISBN E-Book (EPUB, Mobi) 978-3-96121-774-8